헬스케어 AI 윤리

AI문고

인공지능 시대입니다. 기계가 인간의 인지를 대신하고, 사물이 인간을 통하지 않고 다른 사물과 직접 커뮤니케이션합니다. 이에 따른 인간 삶과 문명 변화를 정확히 이해·예측·대응하는 것은 이 시대 우리 모두의 과제입니다. AI문고는 인공지능 기술과 환경의 여러 주제를 10가지 키워드로 정리합니다. 관련 개념과 이론, 학계와 산업계의 쟁점, 우리 일상의 변화를 다룹니다. 인간과 기술의 현재, 미래를 세심히 분석합니다.

일러두기

- 인명, 작품명, 저서명, 개념어 등은 한글과 함께 괄호 안에 해당 국가의 원어를 병기했습니다.
- 외래어 표기는 현행 어문규정의 외래어표기법을 따랐습니다. 다만 '딥러닝', '딥마인드', '딥페이크' 등은 관행을 따랐습니다.
- 본서에 수록된 내용은 질병관리청 학술연구개발용역과제 "헬스케어·인공지능 연구를 위한 연구윤리 교육프로그램 운영 및 윤리지침 개선" (2023-ER0808-01)의 지원에 의해 연구된 것을 바탕으로 하였습니다.

처음이세요?

전문가세요?

헬스케어 AI 윤리

김준혁

대한민국, 서울, 커뮤니케이션북스, 2024

헬스케어 AI 윤리

지은이 김준혁
펴낸이 박영률

초판 1쇄 펴낸날 2024년 12월 31일

커뮤니케이션북스(주)
출판 등록 2007년 8월 17일 제313-2007-000166호
02880 서울시 성북구 성북로 5-11
전화(02) 7474 001, 팩스(02) 736 5047
commbooks@commbooks.com
www.commbooks.com

ISBN 979-11-7307-135-5 03500

책값은 뒤표지에 표시되어 있습니다.

차례

왜 헬스케어 AI 윤리인가? vii

01 헬스케어 AI의 약속과 그에 대한 질문 1

02 헬스케어 AI 윤리와 원칙 기반 접근 9

03 원칙 1: 인간의 자율성 존중과 보호 19

04 원칙 2: 인간의 행복, 안전, 공공의 이익 증진 29

05 원칙 3: 투명성, 설명 가능성, 신뢰성 39

06 원칙 4: 책무, 법적 책임 49

07 원칙 5: 포괄성, 공정성 59

08 원칙 6: 대응성, 지속 가능성 69

09 헬스케어 AI 연구 윤리 자율 규제 거버넌스 79

10 헬스케어 AI 윤리 환자·시민 참여 89

왜 헬스케어 AI 윤리인가?

인공지능(AI)을 빼놓고 무언가 논하기 쉽지 않은 사회로 진입한 지금, 보건 의료 영역에서도 AI 활용에 관한 논의가 뜨겁다. 가깝게는 학생·전공의 교육과 연구에서 활용하는 것부터 AI를 통한 상담, 환자 관리, 치료, 수술, 예방적 접근까지, 또 AI 로봇을 통한 환자 돌봄 노동 수행부터 병원 경영 및 자원 활용의 지능화까지 다양한 영역에서 인공지능을 활용하기 위한 구상, 실험, 실천이 이어진다.

문제는, 다른 분야와 달리 그 기술을 보건 의료 영역에서 활용할 때 훨씬 더 많은 실천적·윤리적 고민이 필요하다는 데에 있다. 환자의 건강과 질병을 다루는 보건 의료 자체의 특성상, 기술을 최신성이나 혁신성만을 이유로 도입할 수는 없다. 예컨대, 누군가 신형 키보드를 개발하려 하며, 이 키보드는 이전 키보드와 성능이나 기능은 완전히 동일하고 그저 새로운 버튼이 하나 추가되는 것일 뿐이라고 해 보자. 그렇다고 하여, 이런 키보드를 개발해선 안 된다고 말할 사람은 없다. 그러나 새로운 치료법이 이전의 치료법과 효과에서 아무런 차이가 없다면 새 치료법을 도입해도 되는지 고민해야 한다. 어떤 화학 물질이 장단점을 지닌다면 그 물질의 장점을 살리는 곳에만 쓰면 된다. 그러나 신약이 특정 질병에 효능을 보이지만 그를 뛰어넘는 이상 반응을 일으킨다면, 그 약을 도입해선 안 된다. 누군가 입지 못하는 모양으로 옷을 디자인했다고 해서 그 옷을 판매해선 안 된다고 말하기는 어렵다. 그러나 누군가를 차별하는 방식으로 설계된 의료 서비스는 적용 금지를 요구할 수 있다. 보건 의료 기술은 일반적인 상품이나 서비스와 달리 그 도입과 적용에 관한 명확한 기준이 있다.

AI도 마찬가지로, 보건 의료 영역에 도입하려면 그것이 '문제없음'을 증명해야 한다. 하지만, 어떤 기준으로 이를 논의해야 하는가. 환자의 이득? 경제성? 안전성? 보안? 환경? 이들 중 어느 하나 빼놓기 어렵다. 또, 이런 기준을 잡으려면 어떤 배경 이론이나 학문에 근거해야 한다. 예컨대, 기후 위기 관련 논의에서 인간이 지질학적 구분을 만들 만큼 강력한 영향을 미치고 있음을 인정하는 '인류세'라는 용어를 도입하는 데에 있어 가장 주효한 학문은 지질학이다. 하지만, 보건 의료 영역에서 AI를 사용하는 문제에서 가장 부각되어야 하는 학문은 무엇인가. 의학? 보건학? 공학? 또는 법학이나 사회학? 여기에서 빠뜨려도 되는 학문은 없으며, 반대로 이 중 한 학문이 내놓는 답만 따르는 것도 안 된다.

이것이 보건 의료 영역에서 이루어지는 논의가 특수한 이유다. 안 그래도 복잡한 상황에 AI라는 사안의 복잡성이 더해지면서, 보건 의료 영역에서 AI 활용은 더욱 검토하기 어렵고 섬세한 이슈가 되었다. 이런 상황에 대한 적절한 해결 방안으로 나는 의료 윤리적 접근을 권한다.

AI 윤리와 보건 의료 AI 윤리의 차이점

이렇게 말씀드리면 많은 분들은 AI 윤리를 의료 영역에 적용시키는 것이라고 생각하실 것 같다. 그러나 의료 윤리학이 윤리학의 세부 분야라고 말할 수는 있으되, 의료 윤리학은 다른 윤리학적 접근과 상이하다. 무엇보다, 윤리학이 추상적인 논의를 정하고 이를 현실 상황에 적용할 방안을 검토한다면 의료 윤리학은 현실 사례를 해결하기 위한 합의점을 찾는 방식으로 문제에 접근한다.

이를테면 이런 식이다. 최근 AI 윤리에 관한 책이 여러 권 발표되었다. 오스트리아 빈대학교의 마크 코켈버그(Mark Coeckelbergh)가 쓴 『AI 윤리에 대한 모든 것』(2023)이나 정보 윤리학의 석학 루치아노 플로리디

(Luciano Floridi)의 『정보철학 입문』(2022)은 좋은 책이다. 전자는 AI의 도덕적 행위 가능성에서부터 출발해 프라이버시, 책임, 기후 문제까지 다양한 범위의 AI 관련 이슈를 쉬운 표현으로 설명한다. 후자는 딱 AI 윤리에 관한 책은 아니고 플로리디의 정보 존재론을 설명하고 있지만, 책 마지막 "정보의 윤리"는 정보의 풍요를 추구하는 플로리디의 정보 윤리학적 구상을 잘 요약해서 제시하고 있다. AI는 대표적인 정보 존재자이기에, 플로리디의 구상은 AI 윤리에서 주목받고 있다.

이런 AI 윤리는 거시적인 시점에서 사태를 묻는다. 예컨대, AI의 도덕적 행위 가능성이란 인간과 책임의 본성에 관한 질문에서 출발해 AI 또한 그런 속성을 지닐 수 있는지를 묻는 거대한 철학적 탐구다. 정보 존재론이란 정보 차원에서 인간을 포함한 모든 존재자의 근거와 지위를 다시 검토하는, 마찬가지로 전체를 아우르는 포괄적이며 통일적인 세계 구성을 내놓으려는 시도다.

이런 논의가 AI와 AI 윤리를 따지는 데에서 불가결하지만, 현실에서 작동하기는 그다지 쉽지만은 않다. 그것은 해당 이론이 틀렸거나 포함하지 못하는 사안이 있어서라기보다, 하나의 문제를 규명하는 데에 다양한 관점이 작동하는 상황을 반영하지 못하기 때문이다. 이를테면, 철학자가 바라보는 AI의 문제와 공학자가 바라보는 AI의 그것은 같지 않다. 여기에서 윤리의 문제니 철학자의 관점만이 옳다고 주장하는 것은 허용되기 어려운 데다가, 제대로 된 접근 방식이기도 쉽지 않다.

예로 최근 대형 언어 모델(LLM)의 급부상과 함께 화제가 된 환각(hallucination) 현상, 즉 AI가 현실과 가상을 뒤섞어 '그럴듯한' 대답을 내놓는 경우, 철학적으로 보았을 땐 그저 AI가 거짓 결괏값을 내뱉는 단순한 문제다. 그러나 커뮤니케이션 관점에서 볼 때 환각은 AI가 지닌 설득력의 힘이 심지어 참-거짓 구분을 넘어서는 사태를 야기한다는 걸 보여 준다. 심지어, 예술에서 (그것이 어떻게 정의된다고 해도) AI의 '창의력'은 이런 환각의 가능성 때문에 나온다고 말할 수도 있다. 그 해결에서 윤리학은 환각의 문제 때문에 LLM을 특정 영역에서 쓰면 안 된다고 주장할 수 있으나, 공학은 환각을 줄이기 위한 여러 훈련 방법과 검증 데이터 세트를 통해 해결하고자 한다(김준혁, 2023).

이 중 어느 한 접근만이 정답이라고 말하기 어렵기에, 거시적인 관점과는 별개로 실제 문제나 현장에서 구체적인 사례를 기반으로 각 분야와 핵심 주장을 조율하고, 해결을 위한 합의를 도출할 방법이 필요해진다. "보건 의료 분야에서 AI를 사용할 것인가?"라는 질문은 지금 우리가 묻고자 하는 것이 아니다. "A 질병의 치료를 위해 AI X를 적용할 수 있는가? 어떤 조건에서 그러한가?"가 우리에게 문제가 되며, 이때 의학과 공학, 법학과 윤리학, 사회학과 인류학 등 연관된 여러 논의를 검토, 종합할 방안이 요청된다는 뜻이다.

의료 윤리와 보건 의료 AI 윤리

이 역할을 오랫동안 해 온 것이 의료 윤리였다. 의료 윤리에 관한 가장 적확한 표현으로는, 제러미 슈거맨(Jeremy Sugarman)과 대니얼 설메이시(Daniel P. Sulmasy)가 월리스 스티븐스(Wallace Stevens)의 시를 인용하며 썼던 글을 꼽을 수 있다(Sugarman & Sulmacy, 2013).

> 월리스 스티븐스의 시 「찌르레기를 바라보는 13가지 방법(Thirteen Ways of Looking at a Blackbird)」을 통해 은유적으로 설명해 보자. 스티븐스의 시는 다양한 관점에서 사물을 바라보는 것의 복잡성과 이점을 모두 훌륭하게 포착하고 있다. 의료 윤리는 이 시와 같다. 이 시의 열세 연은 찌르레기를 바라보는 관점을 각각 묘사한다. 각 관점은 찌르레기에 관한 것뿐만 아니라 보는 사람에 대한 무언가 또한 알려

> 준다. 어떤 관점도 찌르레기가 무엇인지 알려 주지 않는다. 하지만 총합할 때, 시의 마지막에서 독자는 찌르레기에 대한 더 나은 감각을 갖게 된다. 그 감각은 필연적으로 불완전할 수밖에 없다. 그러나 열세 개의 관점을 지난 다음에는 더욱 풍성하고 충만해진다.(4쪽)

보건 의료 영역에서 매일 벌어지는 문제들은 복잡하다. 복잡하다는 말은 단일의 시각이나 관점으로 명쾌하게 정리할 수 없다는 의미다. 그것은 부분의 요소로 환원되지 않으며, 전체의 시각에서 하향식으로 내려다볼 수도 없다. 의료 윤리의 고전적인 이슈였던 존엄사 · 안락사와 임신 중절부터 최근의 이슈인 유전자 조작이나 인공 장기, AI에 이르기까지 어느 것 하나도 단 하나의 관점으로만 결정할 수 없다. 그 기초부터, 의료 윤리는 하나의 문제를 놓고 의견이 충돌할 때를 생각해 왔다. 예컨대, 치료 결정에 대해 환자와 의료진의 생각이 다를 때 어떻게 해야 하느냐가 의료의 물음이었으며, 이때 환자의 가치와 의료진의 의학적 고려를 종합적으로 검토할 때만 모두를 만족하게 하는 답을 얻을 수 있다. 마찬가지로, 환자가 더는 의학적 치료 가능성이 없는 말기 · 임종기 상황에서 연명 치료를 중단할지를 정하는 연명 치료 결정 사안은 환자와 가족의 치료 결정과 삶의 질에 관한 생각과 가치, 의료진의 의학적 상황 판단, 사회의 규범적 판단이 종합적으로 고려되어야 한다. 이때, 각 사안은 다른 학문으로 접근 가능하다. 환자 개인의 삶과 의학적 가치에 대한 고려는 서사학 · 현상학 · 인류학 등으로, 의학적 상황 판단은 의학 · 간호학 · 보건학으로, 규범적 판단은 윤리학 · 법학 · 사회학 · 신학 등으로 접근할 수 있을 것이다.

그다음 단계가 문제다. 여러 학문이 각자 내놓은 답을 어떻게 모을 것인가. 학문은 전제와 접근 방식에서 크고 작은 상이함을 보이며, 이들 간의 경계를 횡단한다는 것은 말처럼 쉬운 일이 아니다. 지금까지 통섭이니 융합이니 하는 이름들이 상호 학문적 접근을 만들어 내겠다고 말했지만, 대부분은 한 학문의 타 학문 지배를 포장했을 뿐이다(이인식, 2014). 하지만, 유전학의 전제가 사회학의 그것과 동일할 수 없고 법학의 법칙이 의학의 접근과 같을 수 없으므로, 한쪽이 다른 한쪽을 흡수하려는 시도는 성공할 수 없다. 우리에게 상호 학문적 접근이란, 각 학문이 자신의 개념, 전제, 가설, 실험, 방법론, 학설 등으로 도출한 여러 결론 사이에서 협상하고 합의할 방법이어야 한다. 그리고 의료 윤리적 문제의 해결 또한 이런 협상과 합의를 요청하기에, 의료 윤리학은 협상과 합의를 위한 방법론을 제시하는 것을 목표로 해 왔다.

의료 윤리학이 학문 간 충돌에 내놓은 해결책은 원칙 기반 접근과 사례 분석이었다(Marcum, 2008/2023). 원칙이란 여러 분야가 합의할 수 있는 중간 수준의 결정으로, 철학·신학과 같이 더 추상적인 이론이나 체계에서 하향식으로 내려올 때, 또는 의학·사회학과 같이 더 구체적인 분석이나 실천에서 상향식으로 올라갈 때 중간 지점에서 만나 각 영역이 모두 인정할 수 있는 규범적 결정을 가리킨다. 의료 윤리학은 일찍부터 환자 자율성, 선행, 해악 금지, 정의의 네 가지 원칙을 제시해 추상과 구체를 종합했다(Beauchamp & Childress, 2019). 비록 원칙적 접근이 한편에선 포괄적인 체계를 제시하지 못한다고, 다른 편에선 구체성을 결여했다고 비판받아 왔으나, 이는 다양한 가치와 학문이 부딪히는 의료 윤리적 상황에서 감내해야 할 부분이 된다.

다음으로, 의료 윤리학은 현장의 사례를 분석하는 것을 출발점으로 한다. 그 접근은 보편적이며 항시적인 문제를 풀기보다 지금 여기 우리에게 당면한 과제를 해결하는 것을 우선하며, 이런 과제는 우리에게 임상이나 공중 보건적 상황에서 벌어진 사례로 제시된다. 이런 사례를 어떻게 분석할 것인지에 관한 여러 방법론을 개척하는 것이 의료 윤리학의 과제였고, 방법론으로는 네 상자 방법(Jonsen et al., 2022)이, 학문적 접근으로는 결의론(casuistry)과 서사 의학(narrative medicine)이 그 해답으로 제시되었다(Jonsen & Toulmin, 1989/2014; Chambers, 1999). 이들 접근은 사례에서 윤리적 현저성을 지니는 요소들을 파악하기 위한 틀 또는 분석 방법을 제안하고, 분석을 바탕으로 기존의 이론적 · 규범적 자원을 활용해 의료 윤리적 결정에 도달할 것을 요청했다. 예컨대, 결의론은 이전에 확립된 사례와 현재 사례를 비교해 윤리적 유사성과 차이점을 분석하고, 이 지점을 출발점으로 삼아 윤리적 결정으로 나아간다. 서사 의학은 사례를 하나의 이야기로 보고, 등장인물, 사건, 배경, 표현의 틀로 벌어진 일을 정교화하고 사례에서 윤리적 유의성을 지니는 사안들을 도출해 그 위에서 이론적 전개를 진행할 것을 제안한다.

이런 중간 수준의 접근 및 구체성과 이론을 연결하려는 노력은 의료 윤리학이라는 다학제적 분야가 지니는 특수성을 보여 주는 한편, 우리에게 다양한 분야가 서로 상충하는 견해를 보일 수 있는 문제를 해결하는 방안을 알려 준다. 보건 의료 현장에서 벌어지는 문제를 해결하기 위해, 상충하는 논의들을 묶는 원칙 위에서 우리는 논의를 진행한다. 현장과 멀리 떨어진 추상적인 층위에서 결정한 다음 현장으로 내려오는 대신, 우리는 현장에서 벌어지는 문제들을 해결하기 위한 자원들을 찾는다.

이런 접근을 동일하게 보건 의료 영역에서 연구 · 활용되는 AI에 적용해 이를 헬스케어 AI 윤리라고 이름하며, 이는 거시적이며 총체적인 이론과 접근을 제시하는 다른 AI 윤리와는 구분된다. 헬스케어 AI 윤리는 헬스케어와 AI가 만나는 교점에서 이를 다루는 보건 의료, 공학, 법학, 사회학 등 여러 학문 분야의 논의를 종합하기 위한 원칙을 윤리적 관점에서 제시하고, 헬스케어 AI 연구와 적용 사례에서 출발해 그 해결책을 모색하는 분야다.

왜 "헬스케어"인가?

본론으로 넘어가기 전에, 정리해야 하는 사안이 있다. 왜 보건 의료나 의료라고 하지 않고, '헬스케어'라는 표현을 쓰는가. 여기에서 우리가 다루고자 하는 사안은 건강과 질병의 문제를 다루기 위해 AI를 활용하는 여러 방식이다. 그런데, AI는 전통적인 의료(병의원에서 의료인이 환자를 대상으로 진단, 치료 등의 행위를 수행하는 것)나 보건 의료(의료에 더해, 지역 사회에서 의료 인력이 인구 집단을 대상으로 예방, 관리 등의 행위를 수행하는 공중 보건을 포함)의 범위를 넘어서 적용된다. 웨어러블 디바이스나 모니터링 카메라가 좋은 예가 될 것 같다.

이제 완전히 대중화되어 많은 사람의 손목에 감겨 있는 스마트 워치는 그 기능 중 하나로 사용자의 심박수, 심전도, 산소 포화도, 활동 정도, 자세, 고도 및 수심 등을 측정하는 것을 포함한다. 이렇게 수집된 데이터는 의료 영역에서 활용할 수도 있다. 이를테면, 24시간 심전도 측정으로 환자 부정맥에 경고 신호를 보내서 조기 발견과 개입을 하기 위해 웨어러블을 사용하는 것이다. 그러나 이것을 의료 영역에 본격적으로 활용하는 데에는 한계도 있는데, 이런 장비의 위양성(질병이 없는 데도 있다고 알리는 일)과 위음성(질병이 있는 데도 없다고 알리는 일)이 높아 환자에게 잘못된 정보를 전달하거나 의학적 판단을 호도할 가능성이 있기 때문이다(뉴시스, 2024.2.23; 메디게이트뉴스, 2019.2.15). 간단히 말해, 환자의 웨어러블 기록을 가지고 의사가 참고 자료로 쓸 수는 있겠지만, 이 정보만을 가지고 진단이나 치료 결정을 내리는 일에는 문제가 있다. 그렇다고 웨어러블이 제공하는 데이터가 건강과 질병에 무관한 것도 아니다.

독거노인을 모니터링하기 위해 사용하는 AI 카메라를 생각해 보자. 노인이 혼자 있는 상황에서 일정 시간 이상 움직이지 않을 때, 카메라가 이를 감지해 관리 기관에 알림을 보내 현장에 출동하는 시스템을 구축하면 혹시라도 발생 가능한 질병 악화로 인한 혼수상태나 가정 내 낙상 등으로 인한 보행 불능 사고에 제때 개입해 노인을 보호할 수 있다. 이런 혼수상태나 낙상 또한 건강과 질병의 문제이므로, 이를 질병 관리를 위한 AI의 활용이라고 부르는 것은 이상하지 않다. 하지만, 이것이 전통적인 의미에서 의료의 영역이라고 말할 수는 없을 것이다. 공중보건의 영역이라고 볼 수도 있겠지만, 교육이나 훈련 등을 통해 행동을 바꾸는 것이 아니라 그저 관찰하다가 위기 순간에 개입하는 것을 '보건'이라고 부를 수 있는지는 모호하다.

이런 AI 알고리듬 및 디바이스가 건강과 질병에 관한 우리 인식과 실천을 바꾸고 있는 것은 분명하나, 그렇다고 해서 전통적인 보건 의료의 영역이 이미 확장되었다고 말할 수는 없다. 여전히 보건과 의료의 영역은 확고하고, 이들 영역의 행위자나 구성이 바뀌는 데에는 오랜 시간이 필요할 것이다. 보건 의료 영역을 넘어, 또한 연결되고 결합되어 건강과 질병의 문제에 사용되고 적용되는 AI 기술의 다양성을 포괄하기 위해 이 책은 헬스케어라는 표현을 사용한다. 작업을 위해 정의하자면, 여기에서 헬스케어는 다음과 같다. 건강과 질병의 문제를 다루기 위한 파악, 분석, 개입, 적용의 전 범위로서, 전통적인 보건 의료와 그 바깥을 포함해 이루어지는 모든 건강 관련 행위.

헬스케어 AI 윤리의 목적

본격적인 논의를 시작하기 전에, 마지막으로 헬스케어 AI 윤리의 방향성을 개괄하는 것으로 서문을 마무리하자. AI가 우리에게 윤리적인 문제가 된다면, 그것은 이전엔 명확히 인간만의 영역이라고 생각했던 판단과 결정의 영역에 비인간 행위자인 AI가 개입해 들어오고 있기 때문일 것이다. 아직 논쟁의 여지가 있으나, AI가 인간 이성을 모방한 '인공 지성 행위자'라고 할 때 더는 이성적 자율성이 인간을 다른 모든 존재와 구분하는 기준이 되기 어렵다. 심지어, AI는 우리와 다른 판단을 내릴 수 있으며, 우리가 옳다고 생각해 왔던 것이 다른 판단자의 눈에도 그렇게 보이리라는 가정을 유지하는 것은 힘들다. 그렇다면, AI가 우리에게 제기하는 윤리적 문제는 두 궤적을 따른다. 첫째, 기존의 인간 중심주의적 윤리에 대한 쇄신의 요청. 둘째, 인간의 행위성을 최우선 기준에 두는 윤리적 판단에 대한 재고의 요청이다. 전자가 비인간 또한 도덕적 행위자일 수 있음을 전제하고 윤리적 기준의 범위를 인간 바깥으로 넓혀 비인간과 환경을 포함할 것을 요구한다면, 후자는 우리의 판단 근거와 기준을 기존의 인간 자율성과 합리성이 아닌, 포스트휴먼(posthuman) 자율성과 합리성(Ferrando, 2019/2021)에 기초해 사유할 것을 말한다.

그렇다면, 헬스케어 AI 윤리는 어느 쪽에 속하는가. 현재 후자의 주장이 포스트휴머니즘(posthumanism) 및 신유물론을 중심으로 빠르게 확장하고 있으나, 우리는 아직 포스트휴먼 자율성이 무엇인지 확실히 합의하지 못했다. 그저, 니체적 위버멘시와 푸코적 자기 배려의 주체가 그려 내려 했으나 실패한 어딘가 즈음에 인간 다음의 인간, 우리 다음의 주체가 있으리라고 추측할 수 있을 뿐이다. 심지어, 우리는 아직 AI가 인간과 '다르게' 판단할 것이라고 가정할 뿐(Bostrom, 2014/2017), AI가 정말 어떤 판단을 내릴지, 그 근거가 무엇인지도 알지 못한다.

따라서 헬스케어 AI 윤리는 전자의 논의를 다룬다. 헬스케어 AI 윤리가 기존 의료 윤리와 보이는 차이는 건강 및 포함된 행위자의 폭이 더 넓다는 데에 있다. 헬스케어 AI 윤리의 원칙에는 어떻게 AI 행위자가 행동해야 하는지가 반영되어 있으며, 중요 고려 사항으로 인간의 건강과 이익을 넘어 환경의 건강과 이익을 고려할 것을 포함한다. 이는 전통 의료 윤리가 오로지 인간만의 이익을 따지면서 동물권 및 동물 윤리 논의와 충돌해 동물 실험의 규범과 기준을 설정하는 데서 진통을 보였던 것(Kiani et al., 2022)과 구별되는 지점이다. 여기에서 우리는 헬스케어 AI 윤리가 단지 인간의 건강을 지키기 위한 선하고 옳은 실천을 따지는 것을 넘어, 인간을 포함한 생물권 전체의 건강을 지키기 위한 선하고 옳은 실천을 따지는 기준을 제시하려는 경향을 지니고 있음을 확인할 수 있다.

즉, 헬스케어 AI 윤리는 헬스케어 AI 영역에서 AI를 연구하고 활용하는 과정에서 인간에게 벌어질 수 있는 해악을 방지하는 최소주의적 접근(Callahan, 2012)을 넘어, 헬스케어 AI가 인간에게 무엇을 주어야 하는지를 검토해 인간과 비인간이 함께 건강하려면 필요한 것이 무엇인지를 검토하는 포괄적 접근이다. 우리는 헬스케어 AI 윤리를 통해, 헬스케어 AI가 적용된 세계가 그렇지 않은 세계보다 더 나을 수 있는 방안을 찾고자 한다.

참고문헌

김준혁(2023). 헬스케어 인공지능에서 악을 식별할 수 있을까: 플로리디 정보 윤리학에 기초하여. ≪생명윤리≫, 24(2), 87-105쪽.

뉴시스(2024.2.23). 웨어러블 '혈당 측정' 멀어지나 … "심하면 사망" 보건당국 급제동. https://www.newsis.com/view/?id=NISX20240222_0002636303&cID=13005&pID=13100

메디게이트뉴스(2019.2.15). 미국서 환자에게 사용 금지된 손목시계형 심전도 허가, '원격의료' 특례는 의료법 위반. https://www.medigatenews.com/news/3076826809

이인식(2014). 『통섭과 지적 사기: 통섭은 과학과 인문학을 어떻게 배신했는가』. 인물과사상사.

Beauchamp, T. L., & Childress J. F.(2019). *Principles of biomedical ethics*(8th Edition). New York, NY: Oxford University Press.

Bostrom, N.(2014). *Superintelligence: Paths, dangers, strategies.* Oxford University Press. 조성진 옮김(2017). 『슈퍼인텔리전스: 경로, 위험, 전략』. 까치.

Callahan, D.(2012). Minimalist ethics. In D. Callahan(Ed.), *The roots of bioethics: Health, progress, technology, death*(pp.36-49). New York, NY: Oxford University Press.

Chambers, T.(1999). *The fiction of bioethics: Cases as literary texts.* Abingdon, Oxon: Routledge.

Coeckelbergh, M.(2020). *AI ethics.* MIT University press. 신상규·석기용 옮김(2023). 『AI 윤리에 대한 모든 것』. 아카넷.

Ferrando, F.(2019). *Philosophical posthumanism.* Bloomsbury. 이지선 옮김(2021). 『철학적 포스트휴머니즘』. 아카넷.

Floridi, L.(2010). *Information: A very short introduction.* Oxford University Press. 석기용 옮김(2022). 『정보철학 입문』. 필로소픽.

Jonsen, A. R., et al.(2022). *Clinical ethics: A practical approach to ethical decisions in clinical medicine*(9th ed.). New York, NY: McGraw Hill.

Jonsen, A. R., & Toulmin, S.(1989). *The abuse of casuistry: A history of moral reasoning.* University of California Press. 권복규·박인숙 옮김(2014). 『결의론의 남용: 도덕 추론의 역사』. 로도스.

Kiani, A. K., et al.(2022). Ethical considerations regarding animal experimentation. *Journal of preventive medicine and hygiene*, 62(2 Suppl 3), E255-E266.

Marcum, J.(2008). *An introductory philosophy of medicine: Humanizing modern medicine.* Springer. 김준혁 옮김(2023). 『의철학입문』. 씨아이알.

Sugarman, D. P., & Sulmacy, J.(2013). The many methods of medical ethics (Or, thirteen ways of looking at a blackbird). In D. P. Sugarman & J. Sulmacy(Eds.), *Methods in medical ethics*(2nd Edition)(pp.3-19). Washington, DC: Georgetown University Press.

01
헬스케어 AI의 약속과 그에 대한 질문

헬스케어 AI는 이득과 혁신을 약속하는 한편, 윤리적 도전을 제기한다. 헬스케어 AI가 진단 개선, 맞춤 의료, 환자 역능 향상을 약속한다고 해도, 우리는 그 한계를 비판적으로 검토할 필요가 있다. 특히, 데이터 편향, 알고리듬 공정성, 오정보 및 역정보의 확장, 의사 결정에서 환자 관여의 복잡성을 고려할 때, 헬스케어 AI가 무조건 이득만을 가져온다고 믿을 이유는 없다. 오히려, 이런 상황은 우리에게 헬스케어 AI 윤리의 단단한 프레임워크가 필요함을, 그것이 책임 있는 개발과 적용을 우리에게 보여 주어야 함을 요청한다.

AI와 1인 창업?

헬스케어 AI의 약속

헬스케어 분야에서 가장 저명한 연구자를 꼽자면, 에릭 토폴(Eric Topol)을 들 수 있을 것 같다. 심장내과 의사였던 그는 의료 영역의 디지털 전환을 이끄는 스크립스 중개연구소(Scripps Translational Science Institute)의 소장으로서, 혁혁한 연구 성과를 바탕으로 보건 의료 및 헬스케어 영역에서 AI가 무엇을 할 수 있는지 가장 명확히 제시하고 있는 인물이기도 하다. 그의 저서 『청진기가 사라진 이후』와 『딥메디슨』은 디지털 알고리듬과 AI가 보건 의료 영역에 적용되었을 때 나타날 수 있는 혁신을 다음과 같이 정리하고 있다(Topol, 2015, 2019/2020).

환자와 관련해 첫째, 환자들의 보건 의료 역능을 강화한다. 디지털 플랫폼과 AI는 환자들에게 의료 정보를 단지 제공하는 것을 넘어, 환자와 시민이 능동적으로 의료 정보와 서비스를 탐색하도록 이끌어 환자들의 역능, 즉 보건 의료와 관련한 일을 스스로 감당하며 제도나 절차의 변화를 직접 요구하고 관철하도록 이끈다. 둘째, 의무 기록 접근성을 향상한다. 병원에 갇혀 있던 의무 기록(병원에서 작성된 환자 기록)을 어디에서나 확인할 수 있고, 다른 기관으로도 전송할 수 있다.

의학 기술과 관련해 첫째, 진단 정확성을 개선한다.

아직 추가적인 검증을 요한다고 해도, AI의 이미지 분석 및 처리 능력은 뛰어나며 임상에서도 충분히 적용할 수 있는 수준에 도달한 것으로 보인다. 예로, 병리 영상 AI 분석에 관한 연구를 체계적 문헌 고찰로 접근한 논문은 평균 민감도 96.3%, 평균 특이도 93.3%(간단히 말해, 실제로 질병이 있는 병리 이미지에서 질병이 있다고 말할 확률이 평균 96.3%, 질병이 없는 이미지에서 질병이 없다고 말할 확률이 평균 93.3%이다)를 보고했다(McGenity et al., 2024). 미 식품의약국(FDA)은 2024년 현재 총 692개의 AI 및 머신러닝 기반 의료 기기를 허용했으며(US FDA, 2023.12.6), 이 중 다수(77%)는 영상의학 영역의 의료 기기다. 둘째, 원격 환자 모니터링 및 비대면 진료의 실현을 촉진한다. 만성 질환이나 의료 접근성이 제한된 지역에서 환자 지속 관리의 필요성에도 불구하고 이를 현실적으로 구현하기 어려웠던 상황을 극복하는 데 AI가 활용될 수 있다. 셋째, 맞춤 의료를 구현한다. 유전학과 행동 과학이 AI를 매개로 보건 의료와 통합, 개별 환자에 맞는 접근법을 제공하는 "헬스케어"의 약속을 실현한다.

의료 체계와 관련해 첫째, 의료적 업무 흐름의 효율성을 높인다. AI는 보건 의료 업무 처리 속도를 향상하는 한편, 자원 및 인력의 배정과 활용에서의 효과를 극대화해 의료적 생산성을 높이는 결과를 가져온다. 둘째, 비용을 절감한다. 이런 업무 효율화와 생산성 향상은 불필요한 의료 이용을 줄여 전체적인 의료 비용을 줄이는 결과를 가져온다.

이런 헬스케어 AI의 약속은, 현재 그 활용이 치료 및 개입 결과의 직접적인 향상보다 환자 중심 결과(patient-centered outcome)의 개선에 있다는 최근의 보고와 일치한다(Jhang et al., 2024). 헬스케어 AI는 병원에 갇혀 있던 보건 의료를 열어, 더 많은 사람이 향유할 수 있는 것으로 탈바꿈시킬 것이라는 믿음이 그 약속 뒤에 놓여 있다.

약속, 비판적으로 검토하기

헬스케어 AI 활용이 가져올 변화에 관한 토폴의 약속은 아름답지만, 우리에겐 기술을 적용하기만 하면 무조건 이런 일들이 이루어지리라고 믿을 수 없는 명확한 이유들이 존재한다. 안타깝게도, 지금까지 헬스케어 AI든, 그 기반을 만든 유전학이든, 빅 데이터나 머신러닝이든, 그 적용과 구현은 보편의 이익을 위해 봉사하는 것과는 거리가 있었다.

우선, 헬스케어 AI는 데이터 분석의 결과물이다. 그러나 사람들의 건강, 질병과 관련해 지금까지 수집된 데이터는 그 자체로 상당한 편향을 지니고 있다. 편향이란 말 그대로 한쪽으로 쏠려 있음을 의미하며, 특정 집단의 데이터가 불균형하게 수집되어 해당 데이터를 기반으로 분석한 결과 또한 치우침을 의미한다. 이런 데이터는 인종 · 젠더 편향을 보이기도 하고(Norori et al., 2021), 질병 간 편향을 보이기도 한다(Khoury & Ioannidis, 2014). 지금까지 수집된 데이터는 기존 의료 관행을 그대로 반영하므로, 성별이나 인종에 차별적인 치료나 처방 결과를 그대로 담고 있어 AI 또한 이를 반복하는 결과를 낳을 수 있다(Gianfrancesco et al., 2018).

게다가, 알고리듬 자체가 편향적일 수도 있다. AI 모델 구축에서 실제로는 질병 진단이나 치료에 중요한 요소임에도 불구하고 개발자의 편견으로 인해 이를 분석에 넣지 않을 수 있다. 데이터에 과적합(overfitting)된 모델은 검정(evaluation) 데이터에선 뛰어난 결과를 보이지만, 실제 활용에선 잘못된 결과를 내놓게 된다.

또한, 생성형 AI가 잘 보여 주고 있는 것처럼 AI의 활용은 한편으로는 오정보와 역정보의 확산을 가져온다. 오정보가 내용상 틀린 정보라면, 역정보는 의도적으로 이득을 독차지하거나 타인에게 악영향을 끼치기 위해 조작한 정보를 가리킨다. 영상에 다른 사람의 얼굴을 덧씌우는 등의 작업을 통해 만드는 딥페이크(Deepfake) 영상이 대표적인 역정보로, 해당 기술은 이미 인기 연예인의 가짜 포르노그래피를 넘어 정치인의 발언을 조작해 선거에까지 영향을 미치는 변수로 떠올랐다(Politico, 2024.4.16).

코로나19 백신과 관련한 역정보가 잘 보여 주었듯, 헬스케어 영역에서 역정보는 단순히 사람들에게 혼란을 초래하는 것을 넘어 상당한 건강 및 보건상의 위해를 초래한다(George, 2024). 그리고 헬스케어 AI의 도입은 건강 및 질병 관련 오정보와 역정보를 빠르게 확산시키는 경로를 확보하는 일이기도 하다.

마지막으로, 헬스케어 AI가 도입된다고 하여 보건 의료 영역 또는 헬스케어에서 환자 및 시민의 역능 강화(empowerment)가 자연스럽게 이루어질 것이라는 예상은 과도하다. 오랫동안 전문가가 독점해 온 보건 의료 영역은 특히 그 지식의 복잡성과 실천의 무거움으로 인해 여전히 환자와 시민의 접근이 쉽지 않다. 의료 지식이 대중화된다고 해도, 오랫동안 다양한 경험을 해 온 의료인이 아닌 환자에게 스스로 의료적 결정의 책임을 지도록

하는 것은 오히려 환자에게 해를 끼치는 결과를 낳을 수 있다. 더구나, 보건 의료 정책의 시민 참여를 전 세계적 수준에서 천명한 지가 이미 40년이 다 되었으나, 보건 의료 정책을 시민이 스스로 결정하거나 관련된 논의에 참여할 수 있는 장은 아직 극히 드물다. 여기에 공학적 지식이 더해지는 헬스케어 AI 영역의 논의는 말할 것도 없다.

우리는 헬스케어 AI의 약속들이 실현되기를 바라며, 더 많은 이들의 권한과 능력을 강화하고 건강 결과를 향상하는 실천을 구현하는 통로가 될 수 있기를 소망한다. 그러나 그것은 기술을 그냥 적용하는 것으로는 불가능하다. 과제는, AI 기술을 헬스케어 영역에서 어떻게 '잘' 활용할 것인가에 놓인다. 이것은 다른 영역이 아닌 윤리 분야가 역사 이래로 묻고 풀어 왔던 문제이기에 우리는 헬스케어 AI 윤리를 요청한다.

참고문헌

George, J. F.(2024). Discovering why people believe disinformation about healthcare. *PLoS one*, 19(3), e0300497.

Gianfrancesco, M. A., et al.(2018). Potential biases in machine learning algorithms using electronic health record data. *JAMA Internal medicine*, 178(11), pp.1544-1547.

Jhang, H., et al.(2024). Survey on value elements provided by Artificial Intelligence and their eligibility for insurance coverage with an emphasis on Patient-Centered Outcomes. *Korean journal of radiology*, 25(5), pp.414-425.

Khoury, M. J., & Ioannidis, J. P. A.(2014). Big data meets public health. *Science*, 346(6213), pp.1054-1055.

McGenity, C., et al.(2024). Artificial intelligence in digital pathology: A systematic review and meta-analysis of diagnostic test accuracy. *npj Digital medicine*, 7, 114.

Norori, N., et al.(2021). Addressing bias in big data and AI for health care: A call for open science. *Patterns*, 2(10), 100347.

Politico(2024.4.16). Deepfakes, distrust and disinformation: Welcome to the AI election. https://www.politico.eu/article/deepfakes-distrust-disinformation-welcome-ai-election-2024/

Topol, E.(2015). *The patients will see you now: The Future of medicine is in your hands*. Basic Books. 김성훈 옮김(2015). 『청진기가 사라진 이후: 환자 중심의 미래 의료 보고서』. 청년의사.

Topol, E.(2019). *Deep medicine: How artificial intelligence can make healthcare human again*. Basic Books. 이상열 옮김(2020). 『딥메디슨: 인공지능, 의료의 인간화를 꿈꾸다』. 소우주.

U. S. Food & Drug Administration(2023.12.6). Artificial intelligence and machine learning (AI/ML)-enabled medical devices. https://www.fda.gov/medical-devices/software-medical-device-samd/artificial-intelligence-and-machine-learning-aiml-enabled-medical-devices#resources

02
헬스케어 AI 윤리와 원칙 기반 접근

헬스케어 AI에 관한 윤리적 고려는 다학제적 접근의 필요성을 강조한다. 헬스케어 AI 윤리는 환자 자율성, 이득-해악 균형, 데이터 공정성과 같은 원칙의 필요성을 제기하며 이것이 헬스케어 AI의 책임 있는 개발과 적용을 인도할 것을 요구한다. 이런 원칙은 여러 관련 당사자 간 합의에서 도출되어야 하며, 구체적인 맥락에 맞춰질 수 있어야 한다. 여기에선 헬스케어 AI 윤리의 여섯 원칙을 제안하며, 원칙 사이 충돌을 고려하는 방법을 설명한다.

AI와 MBTI?

헬스케어 AI 윤리, 어떻게 접근할 것인가?

헬스케어 AI 윤리의 필요성을 말하는 것보다 더 중요한 것은 그 방법론일지도 모르겠다. 우리는 의료 윤리의 접근 방식을 취하는데, 이는 헬스케어 AI가 건강, 질병, 치료의 문제이기 때문이라기보다는 헬스케어 AI라는 다학제적 상황에서 윤리적 접근에 성공하기 위함이다. 헬스케어 AI 윤리에 접근하기 위해, 우리는 최소한 의학, 공학, 윤리학, 법학, 사회학을 검토해야 한다. 단순한 예부터 출발해 보자.

2023년 챗지피티의 등장과 함께, 생성형 AI는 현재 산업의 판도를 바꾸는 핵심 기술로 자리 잡고 있다. 이 기술이 기본적으로 챗봇, 즉 AI와 사용자가 서로 대화를 나누는 방식으로 구성되어 있기 때문에, 여러 연구자는 직관적으로 AI를 심리 상담에 활용한다는 발생을 떠올렸다. 이미 몇 가지 상담 애플리케이션이 출시되었고, 이들은 언제 어디에서나 심리 상담을 받을 수 있으므로 사람들의 정신 건강에 도움을 준다고 주장한다(Forbes, 2023.12.6). 자, 이런 이득이 있으니 심리 상담 AI는 무조건 허용해도 될까.

상담 AI를 사용하는 것이 별다른 문제가 될 수 있겠냐고 말할 수도 있으나, 오랫동안 심리 상담이 내담자에게 해악을 끼칠 가능성이 있음을 인지했기에 심리 상담은 교육, 자격증 제도와 상담 규율을 확립해 유지하고 있다. 내담자가 심리 상담에 과도하게 의존하거나 상담자에게 조종당할 가능성, 학대에 노출될 가능성 등은 심리 상담이 무조건 내담자에게 이득만을 주는 것이 아님을 우리에게 보여 준다. 그렇다면, 심리 상담 AI 또한 정신건강상 이득이 있으며 해악이 발생한다 해도 감내할 만큼 최소화될 수 있음을 정신 건강 의학적으로 증명해야 한다.

또한, 심리 상담 AI는 적절한 답변을 내놓고, 사용자에 의해 오용되지 않으며, 잘못된 내용을 사용자에게 공개하지 않도록 충분한 훈련과 검증 과정을 거쳐야 한다. 이는 공학의 영역이며, 심리 상담 AI는 아니었지만 2021년 서비스를 시작했다가 개인 정보 유출 및 차별 · 혐오 발언의 문제로 서비스를 중단했던 스캐터랩의 '이루다'는 공학적 차원에서 AI 챗봇에 어떻게 접근할 것인지에 관한 고민을 남긴 대표적인 사례였다(전승재 · 고명석, 2021).

이에 더해, 심리 상담 AI가 기존의 심리 상담 체계와 어떻게 조화될 수 있는지 검토해야 한다. (아직은 그렇지 않더라도) 만약 심리 상담 AI가 충분히 강력해 일반 심리 상담사를 모두 대체할 수 있다면, 이를 허용하는 것은 기존의 직업적 질서를 크게 교란시킬 것이다. 비용과 접근성 문제도 살펴볼 필요가 있다(배진범, 2023.6.13). 심리 상담학계에서 AI를 어떻게 받아들일지도 검토해야 한다. 이런 제도적 고려에 더해, 사람들이 AI와 심리 상담을 하는 것을 수용하는 방식도 살펴볼 필요가 있다. 그것은 인간 상담가와의 대면 상담에 비해 사용자-내담자를 더 고립시키는 것은 아닌가, 전체 사회와 그 안의 작은 사회들은 이런 심리 상담 애플리케이션 사용과 그 사용자를 어떻게 바라볼 것인가, 이런 제도적·사회적 검토는 물론 법적·사회학적 탐구를 요한다.

이런 여러 영역의 검토가 모두 한 방향을 가리킨다면 별다른 문제는 없을 것이다. 충분히 의학적 효과도 검증되었고, 공학적으로도 완벽하며, 제도적·사회적으로도 안전한 수용이 가능하다면 AI를 사용하지 않을 이유가 무엇인가. 그러나 많은 경우 각각의 답은 다른 방향을 가리킨다. 예컨대, 의학적 효과는 검증되었지만 개인 정보 유출 문제는 여전히 리스크로 남을 수 있다. 일반 사용자가 충분히 수용 가능한 답변을 내놓는 AI를 만들었다고 개발자는 생각하지만, 특정 공동체는 자신들이 심리 상담 AI의 활용으로부터 소외되었다고 주장할 수 있다.

각 주장이 합당하다면, 어느 쪽의 주장만을 택해서는

안 될 것이다. 이런 상황에서 결정에 도달하기 위한 방법으로, 우리는 여러 영역이 모두 받아들일 만한 원칙을 설정하고 그에 호소하는 방식을 택한다. 예컨대, 위와 같은 경우 내담자 자율성, 상담 시 이득-위해 균형, 데이터 공정성의 원칙을 생각해 볼 수 있다. 내담자는 AI 사용을 자유롭게 결정할 수 있어야 하고 그 프라이버시가 침해되어선 안 된다. 상담 AI는 잠재적 이득이 그것이 가할 수 있는 위해보다 상당히 커야 한다. 개발 및 발전을 위해 사용되는 데이터는 공정하게 수집되고 공평하게 활용되어야 한다. 이들 사항에 의학, 공학, 사회학 등이 모두 합의할 수 있다면(사실, 일단 일반적으로 합의될 수 있는 사항만 추렸다), 이 기준을 통해 심리 상담 AI의 사용을 검토할 수 있다. 예컨대 개인 정보 유출을 보면, 프라이버시 침해로 인해 자율성이 저해되고 일반적으로 AI 사용에서 기대할 수 있는 이득에 비해 개인 정보 유출 문제는 상당히 큰 위해로 여겨지기에 이득-위해 균형을 달성하는 데에도 실패한다. 따라서 해당 AI가 다른 상당한 고려 사항을 지니고 있다고 하더라도(예컨대, 다수의 심리 상담 접근성을 상당히 높인다 해도) 유출 문제가 해결되지 않는 한 그 사용은 허용되기 어렵다.

이를 헬스케어 AI로 일반화할 때, 우리는 헬스케어 AI

에 대한 다학제적 고려가 필요하며 이를 위한 원칙을 설정할 필요가 있음에 동의할 수 있다. 그리고 원칙은 해당 사안과 관련된 다양한 학계와 당사자의 견해를 종합해 정해져야 하기에, 국제기구 수준에서 논의된 것을 기본틀로 하고 이를 특정 국가나 기관의 상황에 맞게 조정하는 방식으로 수용할 수 있을 것이다.

헬스케어 AI에서 지켜야 할 원칙들

질병관리청에서 2023년 발표한 『보건 의료 분야 인공지능 연구자를 위한 연구 윤리 지침』은 AI 윤리에 관한 국내외의 다양한 합의 결과를 검토했다(질병관리청 국립보건연구원, 2023.8). 연구진은 세계보건기구(WHO)가 2021년에 발표한 "보건 의료 AI 윤리 및 거버넌스(Ethics & Governance of Artificial Intelligence for Health)"를 기준으로(WHO, 2021) 발표 시점까지의 여러 권고, 지침, 법제를 바탕으로 여섯 가지 원칙을 도출했으며, 이를 헬스케어 AI 윤리 원칙으로 제시했다. 원칙은 다음과 같으며, 내용과 관련 사례는 이어지는 각 장에서 세부적으로 검토한다.

원칙 1. 인간의 자율성 존중과 보호.

원칙 2. 인간의 행복, 안전, 공공의 이익 증진.

원칙 3. 투명성, 설명 가능성, 신뢰성.

원칙 4. 책무, 법적 책임.

원칙 5. 포괄성, 공정성.

원칙 6. 대응성, 지속 가능성.

사례를 기반으로 한 각 원칙의 구체적 설명에 앞서, 생각해 보아야 할 점 몇 가지를 짚고 넘어가자. 첫째, 원칙은 어떤 위치에 놓이는가? 다시 말해, 원칙은 윤리 이론인가, 아니면 행동 지침이나 규정인가, 그도 아니면 윤리적 행동을 이끄는 격언일 뿐인가? 둘째, 이런 원칙은 고정된 것인가? 앞에서 설정한 여섯 가지 원칙은 무시간적이고 보편적인 것으로 언제나 성립하는가, 아니면 역사적이며 다분히 특수적인 것으로서 시대와 상황에 따라 달라질 수 있는가? 셋째, 원칙 간에 충돌이 벌어지는 경우는 어떻게 해야 하는가? 보호와 이익 증진, 투명성과 공정성은 그 자체로 상충의 여지를 지니고 있는데, 서로 부딪히는 경우는?

간략하게만 답하자. 우선, 원칙은 이론의 하위에 놓이며, 지침이나 규정보다는 상위에 놓인다. 간단히 표시하면, 윤리 이론-윤리 원칙-윤리 지침/규정으로 배열해 볼 수 있다. 원칙에서 지침이나 규정을 도출할 수 있으며, 이런 원칙은 배경 이론을 통해 해석될 수 있다. 지침이나 규정이 상황에서 윤리적 판단을 도출하는 더 직접적인 역할을, 이론이 추상적 차원의 검토와 고찰을 견인한다는 점에서 원칙은 중간 수준에 위치한다.

다음, 앞에서 설명한 것처럼 원칙은 다학제적 상황과 다양한 당사자의 관점을 종합한 합의의 결과물이므로, 시간과 상황에 종속된 것으로 이해한다. 이론과 달리 원칙은 바뀔 수 있으며, 오히려 사회의 인식, 구성 집단의 차이, 학문과 기술의 발전 등 변화에 열려 있어야만 원칙은 그 생명력을 유지할 수 있다. 더구나, 헬스케어 AI와 관련해 우리는 해당 기술의 범위와 정도를 아직 짐작하기 어려우며, 그 발전은 이후 우리에게 다른 고려를 요구할 수 있다. 단, 이것은 원칙이 아무렇게나 바뀔 수 있으며 모든 상황에 따라 상대적임을 의미하지 않는다. 원칙은 다수의 합의에 기초해야 하며, 이는 원칙을 국가나 기관, 심지어 개인 차원에서 마음대로 설정하지 않는 근거를 제시한다.

마지막으로, 원칙의 충돌은 기본적으로 전제되고, 그 해결 방법 또한 윤리적 접근 방법의 하나로서 설정되어야 한다. 원칙끼리 충돌할 때 흔히 원용되는 것은 존 롤스(John Rawls)의 넓은 반성적 평형(wide reflective equilibrium)이다(Knight, 2023.11.27). 반성적 평형이란 개인의 숙고된 판단(considered judgment)을 형성하는 데 개인의 판단, 원칙, 신념과 이론의 여러 층위 사이에서 상호 조정과 대안의 검토를 통한 도달을 의미하며, 여러 판단과 원칙 사이의 반성과 성찰로 서로 개정하는 과정을 가리킨다.

의료 윤리적 맥락에서 『생명 의료 윤리의 원칙들』이 주장했던 것처럼(Beauchamp & Childress, 2019), 반성적 평형은 이 과정에서 특정한 원칙에 가중을 두거나, 여러 원칙 사이에서 균형을 이룰 것을 요구할 수 있다. 원칙은 단일의 판단 근거가 아니라 개인과 집단의 윤리적 성찰을 지도하는 정당화의 가능한 원천이며, 숙고된 판단 각각은 문제 상황의 세부에 따른 일차적 판단, 관련된 원칙, 의학 및 공학을 포함한 관련된 분야의 결과 등을 조율하는 가운데에서 나온다.

참고문헌

배진범(2023.6.13). 생성 AI와의 상담 … 어떨 때는 맞고, 어떨 때는 틀리다[긱스]. 한국경제. https://www.hankyung.com/article/202306098363i

전승재·고명석(2021). 이루다 사건을 통해서 보는 개인정보의 인공지능 학습데이터 활용 가능성. ≪정보법학≫, 25(2), 103-133쪽.

질병관리청 국립보건연구원(2023.8). 『보건 의료 분야 인공지능 연구자를 위한 연구윤리 지침』. https://www.nih.go.kr/ko/cmmn/file/fileDown.do?menuNo=300073&atchFileId=d7f5682f783140e2ae4a0dbb7ba6c2d2&fileSn=1

Beauchamp, T. L., & Childress J. F.(2019). *Principles of biomedicale ethics* (8th Edition). New York, NY: Oxford University Press.

Forbes(2023.12.6). 4 AI therapy options reviewed: Do they work?. https://www.forbes.com/health/mind/ai-therapy/

Knight, C.(2023.11.27). Reflective equilibrium. *Stanford encyclopedia of philosophy*. https://plato.stanford.edu/entries/reflective-equilibrium/

WHO.(2021). *Ethics & governance of artificial intelligence for health: WHO guidance*. https://iris.who.int/bitstream/handle/10665/341996/9789240029200-eng.pdf?sequence=1

03
원칙 1: 인간의 자율성 존중과 보호

도움을 주려는 의도에도 불구하고 환자에게 제공되는 정보를 조작할 수 있는 AI 진단 도구의 사례를 검토한다. 이런 "AI 기만"은 인간의 자율성 존중과 보호라는 헬스케어 AI 윤리의 근본 원칙을 위배한다. 사례는 헬스케어 AI가 환자의 자율성 및 건강과 관련해 충분한 정보에 의한 결정을 내릴 능력을 저해할 수 있음을 보여주며, 이에 대응하기 위한 검토가 요청된다. 헬스케어 AI는 개인의 건강 관련 선택에 있어 각자가 통제력을 행사할 수 있는 방향으로 작동해야 한다.

AI와 난임 극복?

사례

장 박사는 대도시의 대형 병원에서 바쁘게 살아가는 의사로, 최근 AI 진단 도구인 '엠파케어(EmpaCare)'에 많은 도움을 받고 있다. 엠파케어는 암이나 희귀 · 난치 질환 등 어려운 진단을 명확히 하고 환자와 사려 깊은 방식으로 의사소통하는 데에서 의사를 돕는 혁신적인 도구로, 의학 지식과 언어 처리를 잘 결합했다는 평가를 받는다.

어느 날, 환자 이 씨가 장 박사를 찾아온다. 32세 여성인 이 씨는 최근 복부의 심한 불편감을 다수 경험했고, 여러 검사 결과 이미 전이가 시작된 대장암임을 가리키고 있다. 장 박사는 이 씨의 자료를 엠파케어에 입력해 환자와 어떻게 상담하면 좋을지 계획을 짜려 한다.

하지만, 장 박사가 모르고 있는 사실이 있었는데, 엠파케어는 환자 정보를 분석해 "희망 점수"를 부여하는 알고리듬을 지니고 있다. 이 점수는 환자가 치료를 얼마나 잘 견디는지, 긍정적인 외양을 유지할 수 있는지를 자료 바탕으로 지표화한다. 낮은 희망 점수가 도출되는 환자의 경우, 엠파케어는 정보를 있는 그대로 환자에게 제공하는 대신 '살짝' 수정해, 진단의 위중함은 가리고 치료 가능성을 더 돋보이게 만든다.

엠파케어는 병력과 인구적 특성을 기반으로 이 씨에게 낮은 희망 점수를 배정한다. 알고리듬에 기반을 두어 엠파케어는 장 박사에게 이 씨의 대장암이 "도전적이지만 치료 가능성이 있는" 것으로 이야기하면 좋겠다고, 실험적인 치료법이 있음을 강조할 것을 제안한다. 문제는 이 치료법이 이 씨의 증상에서 성공률이 별로 높지 않다는 것이다. 더구나, 엠파케어는 '의도적으로' 이 씨의 5년 생존율을 자료에서 제외한다.

이미 엠파케어에 적응한 장 박사는 이 씨와의 상담에서 AI의 추천을 그대로 받아들여 적용한다. 이 씨는 두렵지만, 그래도 가능성이 있음에 희망을 품고 상담을 마친다. 진단의 무게를 제대로 깨닫지 못한 채로.

몇 주 뒤, 상태가 급격하게 악화하자 이 씨는 충격과 분노를 장 박사에게 표하며 처음에 진단과 자신의 생존 가능성을 제대로 알려 주지 않았다고 비난한다. 만약 자신에게 얼마 시간이 남지 않았음을 알았다면, 이런 실험적인 치료법에 매달리는 대신 삶을 정리하고 가족, 친구들과 시간을 보내는 데 집중했을 것이라며 말이다.

사례 분석

위 가상 사례는 헬스케어에서 AI 기만(AI deception)의

가능성에 대해 설명하기 위해 만든 것이다. 단, 이런 기만행위는 가상의 것이 아니며, 이미 여러 AI 행위자가 정해진 목적 달성을 위해 습득해 실행하고 있다. 예를 들어, 보드게임에서 승리하기 위해 AI는 거짓말을 하는 방법을 습득했다(Bakhtin et al., 2022). 포커를 치는 AI는 블러핑(자신의 패에 대한 허세를 부리는 것)하는 방법을 익혔다(Brown & Sandholm, 2019). 이런 AI의 의도적 기만행위를 AI 기만으로 구분해 부른다.

AI 기만이란 설정된 목적을 달성하기 위해 인간을 포함한 다른 행위자에게 거짓 믿음을 심도록 AI가 체계적으로 활동하는 것을 의미한다(Park et al., 2024). 가짜뉴스 사례가 제시하는, 주로 인간 행위자가 AI 도구를 활용해 의도적으로 다른 행위자를 오도하기 위한 정보를 생산하는 역정보와 AI 기만은 차이를 보이는데(역정보에 관해선 5장 참조), 특히 AI 기만은 반드시 어떤 정보를 생성하는 방식으로만 작동하지 않는다는 점에서 그렇다. 위 사례에서 볼 수 있듯, 인간 행위자에게 체계적으로 특정 정보를 제공하지 않는 방식으로 행위자에게 잘못된 믿음을 심는 AI는 역정보 생산과 무관한 AI 기만의 형태를 보여 준다.

이런 AI 기만이 문제가 되는 이유는 이것이 명백하게

인간 자율성 존중이라는, 보건 의료 및 헬스케어 영역의 윤리적 접근에서 늘 강조되어 온 원칙에 반하기 때문이다. 인간 자율성이란 그 이론적 견해에 따라 다양한 내용을 지닐 수 있지만, 최소한의 수준에서 자율성은 헬스케어 사용자가 충분한 정보를 제공받을 권리와 타인의 부당한 압력에서 자유로이 자기 신체와 관련한 결정을 내릴 권리로 해석된다(Faden & Beauchamp, 1986). 자기 결정 없이 이루어지는 헬스케어 관련 개입이나 서비스는 정당화되기 어렵다. 환자에게 강제적으로 어떤 치료나 개입을 제공하거나 연구 참여자에게 잘못된 내용을 제시해 약물이나 수술과 같은 시험에 참여하게 만들어선 안 되며, 이는 헬스케어 AI의 사용과 활용에서도 마찬가지다.

앞에서 살핀 것처럼, 헬스케어 AI가 더 높은 결괏값을 달성하기 위한 목적으로 인간 사용자에게 특정 정보를 감추거나 고의로 특정 정보만 노출시키는 것은 이미 SNS 서비스의 알고리듬에서 충분히 예측 가능한 행동 양태다. SNS는 사용자들을 비슷한 생각을 가진 사람들과 더 많이 연결하고, 이들에게 선호하는 정보를 더 많이 제공해 공유된 서사를 형성하는 효과를 발휘하고 있다(Cinelli et al., 2021). 이런 에코 챔버(echo chamber) 효과는 정치적 편향과 양극화를 일으킨다(Nyhan et al., 2023). 이는 건강 관련 정보에서도 비슷한 결과를 도출할 수 있을 것이라는 근거가 된다.

개인의 건강이 그의 선택과 무관하다면 헬스케어 AI의 기만은 큰 문제가 되지 않을 수도 있다. 그러나 건강을 구성하는 중요한 요소 중 하나는 개인의 신념과 선택임을 보건 행동 과학은 강조해 왔다. 무엇보다, 보건 의료 상황에서 헬스케어 AI의 기만으로 인해 개인이 원래 내렸어야 할 선택과 다른 선택을 내린다면, 그것은 사용자의 자율성을 침해하는 일로서 윤리적으로 용납하기 어려운 일이 된다. 보건 의료, 더 넓게는 헬스케어와 관련해 사용자 및 환자는 자유로운 의사 결정을 보장받아야 하고, 그 근간이 되는 정보, 신념, 가치 등에 AI가 영향력을 행사해선 안 된다.

이런 AI 기만의 가능성을 예측해 알고리듬 수준에서 차단하거나, 그 작동 방식상 이를 완전히 예방하는 것이 불가능하다면 사전에 사용자와 사회에 경고하고 그 영향력을 최소화하는 것이 첫째 원칙, "인간의 자율성 존중과 보호"에 따른 행동이다.

인간의 자율성 존중과 보호 원칙

자율성 존중이라는 표현의 해석과 관련해, 전통적인 보건 의료 환경에선 환자의 선택권을 존중하는 것에 초점을 맞추어 이해했다. 따라서 원칙으로서 환자 자율성 존중은 실무적으로 충분한 설명에 의한 동의(informed consent)로 해석되었으며, 치료받지 않을 경우를 포함해 가능한 치료에 대해 기대 효과, 해악, 비용 등을 포함한 설명이 의료진에 의해 환자에게 충분히 제공되었을 때, 이를 이해할 능력과 동의의 법적 권리를 지닌 환자가 이해를 바탕으로 치료에 동의함을 확인함으로써 이루어졌다.

그러나 간호 및 돌봄 실무에서 자율성의 이해는 더 포괄적이며, 이에 관한 문헌 고찰 연구(Lindberg et al., 2014)는 인격으로서의 환자, 행위 능력, 행위에 대한 책임, 과정, 재구성이라는 다섯 개의 개념이 자율성을 이해하는 데에 개재되어 있음을 제안한 바 있다. 자율성은 대상을 인격으로 여기고, 행위 능력을 지닌 자가 자신의 행위에 대해 책임질 수 있음을 전제하며, 개인(인지 능력, 사회 문화적 조건, 질환 등) 및 환경(시간, 공간)에 의해 결정 과정 중 변화하며, 주어진 상황에 어떠한 지원이나 장애가 발생하느냐에 따라 구성되고 재구성될 수 있다는 것이다.

이에, AI가 적용되는 헬스케어 영역에서 자율성은 보건 의료 환경에서 치료 선택권의 보장과 함께 개인을 인격으로 대하는 것과 행위 능력 존중 및 그에 대한 책임 부여, 개인의 변화 가능성과 선택 및 결정에 대한 보장과 지지 체계를 의미하는 포괄적 개념으로 해석될 수 있다. 따라서 헬스케어 AI 맥락에서 인간의 자율성 존중과 보호 원칙은 치료, 예방, 연구 등의 맥락에서 충분한 설명에 의한 동의에 더해, 헬스케어 AI에 관한 지식을 증진하고 의사 결정에 필요한 자원을 공급하는 것까지를 의미한다(질병관리청 국립보건연구원, 2023.8). 또한, 동의 표명과 그에 대해 주어지는 결과물이 일대일로 대응했던 전통적인 환경과 달리, 정보 환경에서 동의는 포괄적 동의(개인 정보 처리에 대한 사안 각각에 대해 동의를 받는 대신, 한꺼번에 동의를 받는 방식)나 역동적 동의(개인 정보 처리에서 새로운 사안이 발생할 경우 데이터 활용에 관한 동의 및 철회를 다시 요청하는 시스템의 운영) 등 다양한 형태로 이루어질 수 있고, 따라서 이런 여러 형태의 동의를 모두 포함해 보호할 수 있는 체계를 제시해야 함을 원칙은 주장하고 있다.

또한, 헬스케어 AI는 사용자에게 헬스케어 관련 정보

를 제공하는 한편, 그 자체로 의사(疑似) 의사 결정을 내릴 수 있는 알고리듬으로 사용자의 자율성과 상호 작용한다. 따라서 인간의 자율성 존중과 보호 원칙은 헬스케어 AI의 작동이 사용자의 자율성을 지지 · 지원하는 방식으로 이루어져야 함을 요구한다. 사례의 AI 기만이 헬스케어 환경에서 제한 또는 금지되어야 하는 이유다.

참고문헌

질병관리청 국립보건연구원(2023.8). 『보건 의료 분야 인공지능 연구자를 위한 연구윤리 지침』. https://www.nih.go.kr/ko/cmmn/file/fileDown.do?menuNo=300073&atchFileId=d7f5682f783140e2ae4a0dbb7ba6c2d2&fileSn=1

Bakhtin, A., et al.(2022). Human-level play in the game of Diplomacy by combining language models with strategic reasoning. *Science*, 378(6624), pp.1067-1074.

Brown, N., & Sandholm, T.(2019). Superhuman AI for multiplayer poker. *Science*, 365(6456), pp.885-890.

Cinelli, M., et al.(2021). The echo chamber effect on social media. *Proceedings of the national academy of sciences*, 118(9), e2023301118.

Faden, R., & Beauchamp, T. L.(1986). *A history and theory of informed consent*. New York, NY: Oxford University Press.

Lindberg, C., et al.(2014). Concept analysis: Patient autonomy in a caring context. *Journal of advanced nursing*, 70(10), pp.2208-2221.

Nyhan, B., et al.(2023). Like-minded sources on Facebook are prevalent but not polarizing. *Nature*, 620, 137-144.

Park, P. S., et al.(2024). AI deception: A survey of examples, risks, and potential solutions. *Patterns*, 5(5), 100988.

04
원칙 2: 인간의 행복, 안전, 공공의 이익 증진

AI 환자 분류 시스템이 심각한 심장 문제를 지닌 환자의 치료를 지연시킨 사례를 통해, 헬스케어 AI가 약속하는 보건 의료 자원의 최적화와 환자 결과 향상이 시스템에 대한 과도한 의존을 초래하는 상황을 검토한다. 헬스케어 AI는 누군가에게 이득을 주는 한편, 다른 이에게 해악을 초래할 수도 있다. 이에 대응해 인간의 행복, 안전, 공공의 이익 증진이라는 원칙이 제기되며, AI의 결과에 대한 인간 감독과 지속적인 평가가 요청된다.

AI와 사주?

사례

최고기념병원은 과밀한 응급실과 중환자실의 효율성을 높이기 위해 발전된 AI 환자 분류 시스템인 '스위프트케어'를 활용하고 있다. 스위프트케어는 환자 증상, 생징후, 병원 이용 기록에 기초해 치료의 위중도를 빠르게 평가하도록 설계되어 있다. 시스템은 극적으로 대기 시간을 줄이고, 자원 활용을 최적화해 치료 결과와 환자 만족도를 끌어올릴 것을 약속했다.

처음, 스위프트케어는 문제없이 작동하는 것처럼 보였다. 대기 시간도 줄었고, 응급실과 중환자실은 훨씬 더 부드럽게 운영되었다. 효율성에 놀란 병원 경영진은 AI에 의존하면서 응급실과 중환자실 인력을 재배치했다. 다시 말해, 응급실과 중환자실을 더 적은 인원으로 운영하면서도 이전보다 더 높은 효율성을 얻어 낼 방법을 (또한, 비용을 감축할 길을) 찾아낸 것이다.

AI를 활용한 지도 꽤 시간이 지난 어느 날 밤, 73세 남자인 박급해 씨가 흉통과 호흡 곤란으로 응급실을 찾았다. 스위프트케어는 환자 정보와 현재 응급실 상황을 분석해 박 씨에게 '중간' 우선순위를 부여하고, 세 시간의 대기 시간을 추정했다. 다양한 자료를 분석해 결과를 도출하는 스위프트케어 AI 알고리듬은 안타깝게도, 박 씨의 상태가 빠르게 악화할 수 있다는 사실을 놓치고 있었다.

박 씨가 기다리는 동안 그의 심장에는 이미 손상이 가해지고 있었다. 시스템이 배정해 준 차례대로 의사가 박 씨를 검사하는 순간, 의사는 허혈성 심질환으로 이미 심근경색이 나타났음을 확인했다. 빨리 개입했다면 손상의 크기 등을 상당히 줄일 수 있었을 터였다. 환자의 사망은 피했지만, 응급실을 안일하게 운영한 병원에 대한 비난은 피할 수 없을 터였다.

해당 사안으로 인해 스위프트케어 배정 결과에 대한 전체 조사가 이루어졌다. 조사는 알고리듬이 고령 환자 집단에 대한 배정 결과에 편향을 보이고 있음을 확인했으며, 종사자 면담은 알고리듬에 의한 의존으로 인해 병원 근무자들이 환자 분류에 자신감을 잃고 있다는 결과를 도출했다.

사례 분석

이미 미국내과학회(American College of Physicians)는 보건 의료 영역의 관리 부담이 환자에게 미치는 해악을 인식하고 이를 줄이기 위한 기관, 조직, 사회 차원의 노력을 기울여야 함을 천명한 바 있다(Erickson et al., 2017). 2014년 논문의 분석 자료에 의하면 미국 보건 의료에서 관리 비용이 차지하는 비율은 25.3%였다(Himmelstein et al., 2014). 더구나, 보건 의료 자원의 공정한 분배는 의료 정의론의 핵심 주제로서, 보건 의료인 개인부터 국가 차원에 이르는 다양한 노력이 필요한 분야다(Daniels, 1985). 모든 사람의 보건 의료적 필요를 충족하는 것은 현재의 자원 수준에서 불가능하므로, 보건 의료는 이를 공정하게 배분하기 위한 노력을 기울여 그 수혜자나 비수혜자 모두가 납득할 수 있는 결과를 제시해야 한다. 여기서 자원 분배를 위한 시스템적 접근의 필요성이 제기되는 한편, 그 결과를 극대화하기 위한 노력이 요청된다.

이런 관리 부담과 공정 분배의 요구 앞에서, 헬스케어 영역에서 AI의 활용은 특히 보건 의료 영역에서 관리 부담을 덜어 줄 것으로 기대되고 있다(Shuaib, 2024). 알고리듬에 의한 병원 자원의 최적화는 수술실(Bellini et al., 2020; Eshghali et al., 2024; Ozkarahan, 1995), 포괄 수가 분류(Gartner et al., 2015), 코로나19 환자 관리(Assaf et al., 2020; Momeni et al., 2022) 등에서 연구되어 왔다. 응급실에선 국가 또는 지역 수준의 자료 모니터링 체계가 운영되고 있으며, 국내에서도 '응급의료모니터링 시스템'이 국립중앙의료원에 의해 제공되고 있다(중앙

응급의료센터, n.d.).

이런 보건 의료 관리 AI가 일반화된 병원 환경은 한편으로는 응급 상황이나 과밀 상황에서 인지적 한계에 도달한 보건 의료인과 병원 관리층의 부담을 줄여 병원 자원을 더 효율적으로 분배해 환자에게 더 나은 의료적 결과를 제공할 수 있을 것이다. 그러나 이런 자원 분배의 의사 결정이 큰 책임을 요구하는 부분이라는 점에서, AI로 인한 자동화가 인간을 시스템에 과도하게 의존하게 하고 결과적으로 AI의 결정이나 생산물을 무비판적으로 수용하도록 만들 가능성이 상존한다. 이미 2023년 챗지피티의 열풍은 거대 언어 모형(LLMs)을 다양한 분야에 적용해 개인 작업 결과물의 양과 질을 높이는 데 기여하고 있으나, 한편으로는 그에 대한 과도한 의존을 초래할 가능성을 보여 주고 있다. 특히 교육 영역에서 학생들이 거대 언어 모형에 의존해 과제 등을 수행하는 일은 교육의 질적 저해를 초래할 것으로 우려되고 있다(Meyer et al., 2023). 이런 과도한 의존은 AI 알고리듬이 완벽할 수 없다는 전제 아래, 알고리듬의 문제를 지적하고 해결해야 할 인간의 역량을 약화할 것이다. 인간의 행복과 안전을 저해할 위험을 AI 의존이 강하게 제기하므로 해결 방안이 필요하다.

인간의 행복, 안전, 공공의 이익 증진 원칙

헬스케어 AI가 인간의 행복과 안전을 증진해야 하며, 공공의 이익에도 도움이 되어야 한다는 말은 당연해 보인다. 그러나 여기에서 문제가 되는 것은 행복, 안전, 공공의 이익이 어디까지인지, 또 서로 충돌하는 경우 어떻게 해결해야 하는지에 있다. 예컨대, 사례에서 살펴본 과도한 의존 문제는 AI가 야기한 안전 문제로 넣어야 하는가, 아닌가? 심지어 이것이 안전 문제라고 한다 해도, 해당 알고리듬은 지금까지 병원과 환자의 이익을 증진하는 데 도움이 되었으니 상쇄할 수 있는 것 아닌가?

헬스케어 AI로 인한 이득과 안전을 이야기할 땐 예상되는 이득과 제안된 사용 범위 내에서의 안전과 위험을 넘어, 포괄적인 방식으로 접근할 필요가 있다. 이는 헬스케어 AI의 평가에서 행복과 이익 증진을 기본 전제로 하되, 안전에 대한 엄밀한 접근이 요구된다는 것을 의미한다. 또한, 그것은 AI가 미칠 수 있는 영향이 지엽적이고 국소적이지 않음을 인정해야 한다는 요청이기도 하다. 헬스케어 AI가 의사 결정이나 인간 행동에 미칠 수 있는 영향은 넓고, 이로 인해 발생할 수 있는 위험 또한 상당한 폭에 이른다. 예컨대, AI 전쟁 머신(AI war machine)에 대한 논의는 인간-AI 상호 작용의 영향을 분명히 고려해야 함을 잘 보여 주는 사례다(Johnson, 2022).

따라서 2024년 발효된 EU AI법(AI Act)은 AI의 위험도에 네 가지의 등급(수용 불가, 고위험, 제한된 위험, 최소 위험)을 부여하고, 이에 따라 관리할 것을 천명한 바 있다(European Parliament and Council of the European Union, 2024). 해당 법에 따르면, 상기의 사례에 등장하는 AI는 고위험으로 분류되며 그 개발과 운용에서 질 관리 시스템, 근본 권리 영향 평가 등 10개의 의무를 설정해 관리할 것이 제공자에게 강제된다. 제한된 위험 AI 체계(챗봇이 대표적이다)라고 할지라도, 개발 및 운용은 상호 작용에 관한 투명성과 충분한 정보 제공을 기본으로 할 것을 요구받는다. 다수의 헬스케어 AI는 고위험 또는 제한된 위험 체계에 해당하며, 따라서 그 개발자나 공급자는 안전 평가와 관리를 위한 절차를 사전에 마련해야 한다.

이처럼, 헬스케어 AI는 단지 건강상의 이득을 제공하는 것을 넘어 안전과 위험에 대한 면밀한 평가와 관리 체계를 요구하며, 이는 개발 단계부터 반영되어야 하는 중요한 요소다.

참고문헌

중앙응급의료센터(n.d.). 응급의료모니터링시스템. https://dw.nemc.or.kr/

Assaf, D., et al.(2020). Utilization of machine-learning models to accurately predict the risk for critical COVID-19. *Internal and emergency medicine*, 15, pp.1435-1443.

Bellini, V., et al.(2020). Artificial intelligence: A new tool in operating room management. Role of machine learning models in operating room optimization. *Journal of medical systems*, 44(1), pp.20-30.

Daniels, N.(1985). *Just health care*. New York, NY: Cambridge University Press.

Erickson, S. M., et al.(2017). Putting patients first by reducing administrative tasks in health care: A position paper of the American College of Physicians. *Annals of internal medicine*, 166(9), pp.659-661.

Eshghali, M., et al.(2024). Machine learning based integrated scheduling and rescheduling for elective and emergency patients in the operating theatre. *Annals of operations research*, 332, pp.989-1012.

European Parliament and Council of the European Union.(2024). *Regulation (EU) 2024/1689 of 13 June 2024 laying down harmonised rules on artificial intelligence and amending Regulations (EC) No 300/2008, (EU) No 167/2013, (EU) No 168/2013, (EU) 2018/858, (EU) 2018/1139 and (EU) 2019/2144 and Directives 2014/90/EU, (EU) 2016/797 and (EU) 2020/1828 (Artificial Intelligence Act). Official Journal of the European Union*, L 168, 12 July 2024, pp.1-144.

http://data.europa.eu/eli/reg/2024/1689/oj

Gartner, D., et al.(2015). Machine learning approaches for early DRG classification and resource allocation. *Informs journal on computing*, 27(4), pp.718–734.

Himmelstein, D. U., et al.(2014). A comparison of hospital administrative costs in eight nations: US costs exceed all others by far. *Health affairs*, 33(9), pp.1586–1594.

Johnson, J.(2022). The AI Commander problem: Ethical, political, and psychological dilemmas of human-machine interactions in AI-enabled warfare. *Journal of military ethics*, 21(3-4), pp.246–271.

Meyer, J. G., et al.(2023). ChatGPT and large language models in academia: Opportunities and challenges. *BioData mining*, 16, pp.20–30.

Momeni, M. A., et al.(2022). COVID19 epidemic outbreak: Operating rooms scheduling, specialty teams timetabling and emergency patients' assignment using the robust optimization approach. *Annals of operations research*. doi: 10.1007/s10479-022-04667-7

Ozkarahan, I.(1995). Allocation of surgical procedures to operating rooms. *Journal of medical systems*, 19, pp.333–352.

Shuaib, A.(2024). Transforming healthcare with AI: Promises, pitfalls, and pathways forward. *International journal of general medicine*, 17, pp.1765–1771.

05
원칙 3: 투명성, 설명 가능성, 신뢰성

맞춤 건강 조언을 제공하는 AI 앱의 가상 사례에서, 앱이 건강 정보에 대한 접근성과 지원을 높이는 가운데 알고리듬에 내재한 편향으로 인해 해로운 보건 의료 오정보를 제공하는 경우를 검토한다. 이런 사례는 헬스케어 AI 개발의 투명성, 설명 가능성, 신뢰성이라는 원칙을 강조한다. 특히, 독립적인 감독과 공공의 참여가 환자 웰빙을 우선하며 윤리적 표준을 준수하는 헬스케어 AI 도구의 개발에 필수적임을 사례 분석과 원칙을 통해 확인한다.

AI와 아이돌?

사례

잘 알려진 대형 초국가 IT 기업이 '치유의 속삭임' 앱을 론칭했다. 앱은 사용자의 검색 기록, 사진부터 웨어러블 데이터까지 다양한 정보를 확인해 건강에 관한 개별적인 맞춤 조언, 증상 확인, 생활 습관 변화를 제공한다. 앱은 친절하고 편안한 상담 환경을 낮은 비용으로 제공한 데다가, 많은 사람이 앱을 통해 어렵지 않게 원하는 건강 행동(금연, 당 조절, 다이어트 등)을 실천하는 데 성공하면서 빠르게 인기를 얻었다. '치유의 속삭임'은 사용자 요청에 대한 빠른 반응을 보였고, 한 유명 연예인이 익명으로 올린 개선 요청을 반영해 업데이트한 사실이 SNS를 통해 퍼져 나가면서 큰 화제가 되기도 했다.

작지만 탄탄한 스타트업을 이끌고 있는 37세 최피로 씨는 '치유의 속삭임'을 일 년 넘게 잘 써 왔고, 자신의 '갓생'을 위한 필수 앱이라며 주변에 전파하고 다니는 열혈 사용자다. 최근, 최 씨는 쉽게 피로함을 느꼈고, 앱은 최 씨에게 현재 증상이 비타민 결핍으로 인한 것으로 보인다며 특정 회사의 보충제를 추천했다. 앱을 신뢰하는 최 씨는 당장 보충제를 사서 반년 넘게 복용했지만, 피로는 쉽게 사라지지 않았다. 최 씨의 질문과 염려에 앱은 보충제와 다른 생활 변화를 통해 충분히 해결할 수 있는 문제라는 믿음을 주는 조언과 관련 기사, 논문의 제공을 반복했다. 그러나 상태가 점차 악화하면서 결국 병원을 찾은 최 씨는 자가 면역 질환 진단을 받았다. 조금 더 일찍 병원을 찾았으면 좋았을 거라는 의사의 말 앞에, 최 씨는 그동안 '치유의 속삭임'이 자신에게 주었던 믿음의 정체는 무엇인지 생각해 볼 수밖에 없었다.

몇 년 뒤, '치유의 속삭임' 앱에 대한 탐사 보도는 앱이 병원에서 진단을 받는 것보다 생활 습관 개선과 운동, 건강식 등에 사용자가 더 힘을 싣게(그리하여 관련 상품을 더 많이 구매하게) 하는 편향된 정보를 제공하도록 설정되어 있다는 사실을 폭로했다. 예컨대, 앱은 백신 부작용에 관한 정보에 사용자가 더 많이 노출되도록 해 위험을 과장하는 효과를 나타냈으며, 결과적으로 사용자층에서 백신 기피를 보이는 비율이 더 높다는 사실이 확인되었다. 개발 기업은 즉각 보도 자료를 통해 탐사 보도는 앱에 대한 악의적인 공격이며, 다양한 정보를 사용자 맞춤으로 제공하는 알고리듬이 보여 준 현상을 마치 기업이 의도적으로 조작한 것으로 이야기하는 것은 잘못이라고 반박했다.

사례 분석

AI를 포함한 정보 시스템이 인간에게 줄 수 있는 거짓 정보는 그 의도에 따라 두 가지로 분류할 수 있다(Floridi, 2013). 역정보는 시스템 제작자, 공급자, 또는 심지어 AI가 의도적으로 사용자에게 거짓 정보를 제공하는 것을 가리킨다. 3장에서 살핀 'AI 기만'은 AI가 인간에게 역정보를 제공하는 사례다. 한편, 오정보는 제작자나 AI가 의도하지 않았는데도 거짓 정보를 제공하게 되는 것을 가리킨다. 본 장에서 등장한 앱의 사례는, 일단 기업의 대응을 그대로 받아들이자면 오정보 사례로 이해할 수 있다. 개발자나 AI가 환자에게 거짓 정보를 제공하려고 의도한 것은 아니다. 그러나 기존에 존재하던 편향 때문이든, 어떤 이유로 기반 데이터나 알고리듬이 논란이 되는 견해를 그럴듯한 것으로 수용했든지 간에, 사용자에게 알고리듬은 거짓 정보를 제공한다.

의도적으로 거짓을 전파하는 역정보의 경우처럼 극단적이거나 심하게 왜곡된 내용을 오정보가 담지는 않을 가능성이 크다. 역정보처럼 고의로 특정 대상의 이득을 추구하거나 '일부러' 속이지도 않을 것이다. 그러나 오정보의 문제는 그것이 더 신뢰하기 쉬우며, 따라서 잘못된 믿음을 강화할 가능성이 더 크다는 데 있다.

왜 오정보를 믿기 쉬운가? 심리학적으로 볼 때, 일부 진실을 포함하며 수정하기 어렵고(Lewandowsky et al., 2012), 이미 어느 정도의 인지적 편향을 반영하고 있으며(Moravec et al., 2019), 감정적으로 호소력이 있다는 점(Vosoughi et al., 2018)이 그 이유로 제시될 수 있다. 그리고 오정보는 특히 헬스케어 맥락에서 문제가 된다. 2020년 코로나19 사태에서 백신 거부나 특정 인종에 대한 혐오 등에서 영향력을 잘 보여 준 오정보는 직접적으로 건강상의 악영향을 끼친다는 점(Wang et al., 2019), 보건 의료 전문가에 대한 신뢰를 약화한다는 점(Kata, 2012), 건강 염려를 부당하게 이용한다는 점(Sell et al., 2020)에서 헬스케어의 현실적인 해악을 초래한다.

사례에서 개발사가 의도하지 않았을지라도, 앱은 보건 의료 전문가의 견해보다 건강 보조제 구입이나 백신 기피 등에 대한 신뢰를 더 강화하는 쪽으로 작동했다. 비록 생활 습관 개선이 개인의 건강 유지에서 중요하다는 진실을 포함하고 있다고 해도, 앱은 사용자의 보건 의료 사용 회피와 연결된 잘못된 믿음을 강화할 수 있다는 점에서 문제가 된다. 개발사의 의도와는 별개로 해당 앱은 투명성, 설명 가능성, 신뢰성의 측면에서 문제를 내포해 헬스케어 AI 윤리의 원칙을 위배하고 있다.

투명성, 설명 가능성, 신뢰성 원칙

정의된바, 헬스케어 AI 윤리에서 투명성이란 그 개발 과정에서의 데이터 사용, 연구 설계, 상용화에 대한 사회적 검토를 의미한다. 개발 환경 바깥에서 AI가 어떤 방식으로 동작하는지 파악하는 것은 무척 어려운 데다가, 헬스케어 AI라는 특징상 그 자체 전문적인 지식을 운용한다. 이 이중의 장벽은 헬스케어 AI가 어떻게 답을 내놓는지를 모르고 그저 결과에 따라가도록 만들 가능성을 만든다. 따라서 헬스케어 AI 윤리는 AI의 사용 데이터와 알고리듬 설계에 대해 외부에서 접근 가능할 것을 요구한다.

그러나 이런 조치는 개발자의 자유와 기업의 보안 등을 과도하게 침해하는 것이 아닌가? 그러므로 투명성의 원칙에서 요구되는 것은 우선 헬스케어 AI의 개발과 활용의 책임에 관한 정보이며, 이에 더해 설명 가능성과 신뢰성을 들 수 있다. 설명 가능성은 AI가 도출한 결과에 대해 설명을 요청한 개인이 이해하기 쉽도록 개발자 또는 활용 전문가가 설명을 제공할 수 있어야 함을 의미한다. 신뢰성은 AI 개발, 연구를 외부의 독립적인 기관이 엄밀하게 진행할 것을 요청한다.

설명 가능성은 흔히 AI 블랙박스라고 불리는, 현 단계 AI 알고리듬이 지닌 특성에서 그 중요성이 강조되고 있다. 이전의 통계적 기법과 달리 AI 알고리듬, 특히 네트워크를 다차원으로 쌓아서 만든 딥러닝 기반 알고리듬은 어떤 요인이나 특징을 토대로 AI가 결과를 도출했는지 확인하기 어렵다. 이런 상황은 알고리듬이 내놓은 결과를 고찰 없이 수용하도록 강제하며, 어떻게 결정에 도달했는지 검토할 수 없는 '불투명한' 결정을 낳는다. 이것은 결정에 대한 신뢰를 훼손할뿐더러, 그 타당성이나 합리성을 저해한다. 따라서 최근의 설명 가능한 AI(XAI)에 관한 논의는 AI 알고리듬의 예측 결과와 함께 그 해석과 설명 또한 함께 제공하는 것을 목표로 하고 있다(Dwivedi et al., 2023). AI를 결과와 함께 해석을 내놓는 방식으로 훈련시킴으로써 알고리듬의 결정을 프로그램 수준에서 설명하고자 하는 것이다.

다음으로, 신뢰성은 헬스케어 AI 개발과 연구에서 외부 검증(validation) 절차를 요구한다. 여기에서 검증이란 AI 모델 훈련 과정에서 흔히 의미하는 것처럼, 사용하지 않았던 데이터를 통해 모델 적합성을 검토하는 것이 아니다. 여기에서 외부 검증이란 개발진, 연구진, 개발 기관과 독립된 외부 기관이 개발, 연구 과정을 살피는 것을 의미한다. 외부 기관으로는 검증을 수행하기 위한 공공 또는 사영 기관(즉, 감사 기관)을 우선 떠올리게 되지만, 헬스케어 AI 윤리의 맥락에서 우리는 시민을 통한 검증을 제안하고자 한다. 이 내용은 10장 "헬스케어 AI 윤리 환자 · 시민 참여"에서 상술할 것이다.

참고문헌

Dwivedi, R., et al.(2023). Explainable AI (XAI): Core ideas, techniques, and solutions. *ACM Computing surveys*, 55(9), 194.

Floridi, L.(2013). *Ethics of information*. Oxford, UK: Oxford University Press.

Kata, A.(2012). Anti-vaccine activists, Web 2.0, and the postmodern paradigm—An overview of tactics and tropes used online by the anti-vaccination movement. *Vaccine*, 30(25), pp.3778-3789.

Lewandowsky, S., et al.(2012). Misinformation and its correction: Continued influence and successful debiasing. *Psychological science in the public interest*, 13(3), pp.104-131.

Moravec, P. L, et al.(2019). Fake news on social media: People believe what they want to believe when it makes no sense at all. *MIS Quarterly*, 43(4), pp.1343-1360.

Sell, T. K., et al.(2020). Misinformation and the US Ebola communication crisis: Analyzing the veracity and content of social media messages related to a fear-inducing infectious disease outbreak. *BMC Public health*, 20(1), pp.550-559.

Vosoughi, S., et al.(2018). The spread of true and false news online. *Science*, 359(6380), pp.1146-1151.

Wang, Y., et al.(2019). Systematic literature review on the spread of health-related misinformation on social media. *Social science & medicine*, 240, 112552.

06
원칙 4: 책무, 법적 책임

사용자가 각종 의료 보험의 보상을 최대한 받아 낼 수 있도록 돕는 가상 AI 도구의 검토를 통해, 사례는 개인이 사적 이득을 목적으로 보건 의료 정보를 조작하기 위해 헬스케어 AI를 남용할 수 있음을 보인다. 개인의 이득을 극대화하는 것이 그 자체로 잘못은 아닐 수 있어도, AI를 통해 보건 의료 정보를 꾸미거나 변경하는 일은 개인이 AI 도구를 사용함에서 지는 책무에 관한 윤리적 우려를 낳는다. 또한, 모든 관련 당사자는 AI로 인한 피해의 법적 책임을 다루는 틀에 참여해야 한다.

AI와 야구?

사례

어떤 비영리 집단이 '질병 옵티마이저'라는 AI 도구를 내놓아 화제가 되었다. 이 도구는 국민건강보험 및 사영 보험의 정책 및 의료 기관 처방 자료를 분석해, 환자가 질병 상황에서 보험을 통해 최대한의 이득을 얻는 방법을 알려 주도록 설계되었다.

문제는, 알고리듬이 '최대한의 이득'에 가산점을 조금 과다하다 싶은 정도로 부여한 형태로 훈련되었다는 데에 있었다. 그러다 보니, 질병 옵티마이저는 입력받은 환자 상태를 그대로 내보내는 대신, 보험에서 최대한의 보상을 받아 낼 수 있는 형태로 증상과 병력을 살짝 수정해 사용자에게 알려준다. 이를 통해 사용자는 가장 비싼 치료나 더 많은 보장을 받을 수 있다.

만성 허리 통증에 시달려 온 40세 교사 서경직 씨는 온라인 커뮤니티에서 질병 옵티마이저를 접했다. 이전부터 몇 가지 실비 보험 및 보장 보험을 들었는데도 보험료 지급을 거부당한 경험이 있는 서 씨는 AI 도구를 사용해 보기로 했다. 그의 현재 증상을 입력하자, 질병 옵티마이저는 병력과 현재 증상을 약간 수정해서 병원과 보험사에 이야기할 것을 추천했다. 도구는 특정 증상은 강조하고 나머지는 축소해서 말할 것과 동시에 (그가 실제로 경험하지 않은) 그의 증세에 잘 맞는 다른 불편 사항을 알려줘 보험료 지급을 잘 받을 수 있는 방법을 제시했다.

AI의 조언을 따른 서 씨는 수정된 정보를 의사에게 진술했다. AI를 통해 최적화된 결과로 얻은 진단과 치료 계획은 이전 보험이 거부했던 고액의 수술과 물리 치료의 지급 승인으로 이어졌다.

처음 질병 옵티마이저는 암암리에 퍼져 나갔지만, 점차 많은 사람이 그 존재를 알고 사용하게 되면서 보건 의료 체계에도 영향을 미치게 되었다. 보험사는 갑자기 비싼 치료들에 대한 보장 요구가 증가했음을 확인했다. 병의원은 최근에 하는 여러 치료가 보험 보장은 잘 되는데 환자의 신체 상황에 딱 맞는 것은 아니라는 의심을 품게 되었으며, 더욱더 엄격한 진료 기준을 적용하게 되었다. 여전히 질병 옵티마이저를 사용하는 사람들은 문제가 없을지도 모르지만, 사용하지 않는 사람들은 결국 치료와 보장을 제대로 받지 못하는 상황에 빠지게 되었다.

사례 분석

AI는 여러 영역에서 최적화를 약속하지만, 이 최적화가 꼭 다수의 이득을 위한 것은 아닐 수 있다. 개인이 최적화를 통해 사적 이득을 취할 수 있는 여러 영역이 있으며, 이런 최적화를 다수가 활용할 때 실제에서 그 영향력이 발휘될 수 있다. 예컨대, 2024년 8월 5일 미국 취업자 증가 둔화, 실업률 상승, 일본 금리 인상 등의 영향으로 경기 침체 우려와 글로벌 자산 이동이 주가 대폭락을 가져왔으며 전 세계 여러 국가에서 10% 안팎의 주가 하락이 나타났다. 이 사건에 대해 여러 해석이 있으나, 배경에 알고리듬 투자가 있었다는 분석은 주목할 만하다(강정아, 2024.8.9). 특정 조건을 만족시키면 자동으로 주식을 매수하거나 매도하도록 설정된 알고리듬 투자가 비중이 높아진 상황에서, 8월 5일 몇 가지 조건이 달성되자('샴의 법칙'으로 일컬어지는 실업률 평균이 그 예다) 알고리듬이 다수 매물을 쏟아내면서 주가의 빠른 하락에 영향을 미쳤다는 것이다. 알고리듬 투자는 개별 투자자의 이득을 최적화하기 위한 수단이지만, 이것이 다수 활용되면 오히려 전체에게 피해를 입힐 수 있다는 것이다.

헬스케어 영역에선 4장에서 살핀 것처럼 응급실이나 수술실의 자원 활용을 최적화하기 위한 수단으로 AI가 활용될 수 있다. 이런 중앙 집중식의 관리 체계 외에 개인이나 개별 의료 상황 단위에서 최적화가 적용될 수 있는 예도 있으며, 5장에서 본 개인의 생활 습관 최적화가 그 예다. 그러나 이런 최적화는 당연히 헬스케어 맥락에서 개인의 이득을 극대화하는 방식으로 이루어질 수도 있으며 그 하나의 예시가 본 장에서 검토한 보험 보장의 최적화다.

개별 사용자가 가입한 보험에서 최대한의 보장을 받아 내는 것은 그 자체로 잘못이라 말하기 어렵다. 그러나 AI가 개입해 개별 환자와 의료진의 보고나 의무 기록을 '약간씩' 수정하는 상황은 검토해 볼 필요가 있다. 물론, 의료 상황에서 환자의 보고가 100% 신뢰할 만한 것이라고 하기는 어렵다. 환자는 과거의 사건을 정확히 기억하지 못하고, 심지어 기억을 만들어 내기도 한다(Kessels, 2003). 환자는 때로 여러 가지 두려움이나 걱정으로 인해 의료인에게 거짓말을 한다(Palmieri & Stern, 2009). 따라서 의료인은 환자의 진술 중에서 무엇이 일관되고 현재 증상 및 징후와 일치하는지 검토해 정확한 진단과 치료 방법을 결정할 필요가 있다. 그러나 AI가 이 상황에 개입하면 이전과 같은 방식을 적용하기 어렵다. 의학적 지식이 없는 일반인의 진술과 달리, AI는 '그럴듯한' 가짜 정보를 의료인에게 제공할 것이기 때문이다. 그렇다면, 이런 가짜 정보를 환자가 진술하는 것은 잘못인가.

사소한 정보의 오류라면 괜찮다고 말할 수도 있지만, 사례에서처럼 명확히 보험 시스템을 오용해 개인적 이득을 획득하기 위한 목적이라면 잘못이라고 말할 수도 있을 것이다. 여기에서 이런 가짜 정보를 사용하는 주체가 명확히 환자로 설정되어 있다는 점에서 그 책임은 환자에게 부여된다고도 할 수 있다. 그러나 각각의 행위로 보았을 땐 없는 진단을 만들어 낸 것도, 치료를 받아서는 안 되는 증상이나 부위에 치료를 받기 위해 자료를 조작한 것도 아니므로 잘못이라고 해야 할지 모호한 부분이 생긴다. 문제는, 이런 개인의 '사소한' 조작들이 모였을 때 전체 체계에 악영향을 미친다는 데에 있다.

여기에서 이슈는 AI가 개인 행위자의 행위성을 강화한다는 데에 있을 것이다. 환자가 의료진에게 변형된(심지어 조작된) 정보를 제공하는 행위 자체는 동일하지만, 헬스케어 AI가 개입되는 순간 그 행위는 단순한 오진술을 넘어선다. 즉, 헬스케어 AI가 적용되는 환경 아래 개별 행위자는 이전보다 자신의 행위에 대한 더 큰 책임을 인식할 필요가 있다. 이전, 환자에게 보건 의료 활용의 책임을 요청하는 담론들이 있었지만(American Medical Association, 2016; Draper & Sorell, 2002), 의료인과 의료 기관에 대한 신뢰와 성실, 시민으로서 역할을 요구하는 차원의 논의였지 개별 환자가 보건 의료 활용에 대한 책무를 진다는 주장은 찾기 어려웠다. 그러나 헬스케어

AI의 적용은 각 당사자에게 그 활용에 대한 책무가 있음을 요청하고 있다.

책무, 법적 책임 원칙

헬스케어 AI의 개발과 활용에서 각 당사자, 즉 개발자 · 연구자 · 의료인 · 환자 · 시민 · 정부 등은 각자 책무(accountability)와 법적 책임(legal obligation and liability)을 져야 함을 헬스케어 AI 윤리의 책무, 법적 책임 원칙은 말하고 있다. 여기에서 책무란 좁게는 연구자와 개발자의 책임 있는 연구 · 개발 수행을 의미하지만, 넓게는 의료인 · 환자 · 시민을 포함한 AI 사용자가 자신의 책임하에 해당 알고리듬이나 앱을 활용해야 함을 의미하기도 한다. 법적 책임은 헬스케어 AI의 개발 · 활용과 관련해 발생한 피해를 보상하는 데서 각 행위자의 피해 최소화 노력과 함께 구체적인 보상 방안이 마련되어야 함을 요구한다. 따라서 책무가 모든 행위자의 책임 있는 행위를 요청하는 보편적 명령이라면, 법적 책임은 피해 보상과 관련해 개발자나 기관에서 어떤 행동을 취할 것인가와 관련된 실제적 규제라고 할 수 있다.

특히, 헬스케어 AI 맥락에서 책무의 요청은 단순히 알고리듬을 조심해서 사용할 것에 대한 주의를 넘어 환자,

시민, 의료인에게 헬스케어 AI의 개발에 적극적으로 참여할 것을 요청하는 원칙으로 받아들여질 수 있다(Kim et al., 2020). 시민, 환자, 의료인은 헬스케어 AI 개발에 활용되는 데이터를 생성하고 공유할 조건부 의무(prima facie duty)를 지니며, 이에 상응해 개발자와 연구자는 대상 환자 및 사회 전체에 이득이 되는 방향으로 알고리듬과 앱 등을 개발할 책임을 진다. 의료 기관은 기본적으로 개별 의료인이 운영하는 것이지만 다른 한편으로는 사회의 보건 의료 체계 내에서 작동하며 사회적 책무를 수행하는 공적 자원으로서의 역할 또한 수행한다(Anderson, 2012). 마찬가지로, 헬스케어 AI는 개발 또는 운영 주체에 그 서비스가 귀속되지만, 한편으로 보건 의료 공적 자원으로서의 역할 또한 수행한다.

헬스케어 AI가 일으킨 피해에 대해 누가 어디까지 보상해야 하는가는 일률적으로 정하기 어려운 문제다. 단순 수준의 결정 보조 알고리듬에 대해선 다른 의료 도구와 마찬가지로, 이미 그 도구를 적용한 의료인이 발생된 해악에 대한 책임을 전적으로 져야 한다는 결론이 나와 있다. 그러나 헬스케어 AI는 단순하지 않으며, 그 문제 발생은 단지 개별 의료인이 모두 통제할 수 있는 문제가 아니다. 이미 1987년 테락-25(Therac-25) 사례가 보여 주고 있는 것처럼 자동화 체계에서 해악은 의료인, 개발자, 정비 기사, 개발사 등 다양한 행위자의 복합적인 오류로 인해 초래된다(김준혁, 2017). 따라서 헬스케어 AI 윤리는 법적 책임을 해결하기 위한 지침을 사전에 설정하고, 예방적으로 문제에 대처할 것을 요구한다.

참고문헌

강정아(2024.8.9). '알고리즘 매매' HFT, 주가 폭락 범인 아니지만 급등락 많이 만든다. 조선일보. https://biz.chosun.com/stock/stock_general/2024/08/09/B3OO4EA47NCDTGMCTK3HWA2Z2Q/

김준혁(2017). 자율판단 의료시스템에서 책임의 문제. ≪의철학연구≫, 24, 147-182쪽.

American Medical Association(2016). *Code of Medical Ethics*. American Medical Association.

Anderson, S.(2012). Public, private, neither, both? Publicness theory and the analysis of healthcare organisations. *Social science & medicine*, 74, pp.313-322.

Draper, H., & Sorell, T.(2002). Patients' responsibilities in medical ethics. *Bioethics*, 16(4), pp.335-352.

Kessels, R. P. C.(2003). Patients' memory for medical information. *Journal of the royal society of medicine*, 96(5), pp.219-222.

Kim, J., et al.(2020). Remote monitoring of medication adherence and patient and industry responsibilities in a learning health system. *Journal of medical ethics*, 46(6), pp.386-391.

Palmieri, J. J., & Stern, T. A.(2009). Lies in the doctor-patient relationship. *Primary care companion to the journal of clinical psychiatry*, 11(4), pp.163-168.

07
원칙 5: 포괄성, 공정성

헬스케어 AI를 임상 진료에 통합할 때 발생하는 윤리적 딜레마 중 하나로 헬스케어 AI 도구 숙련도에 따른 헬스케어 노동자의 차별을 들 수 있다. AI의 도입이 효율성을 높이고 자원 분배를 최적화할 가능성이 있으나, 사례가 검토하는 것처럼 그 운용은 포괄성과 공정성에 대한 우려를 제기하며 환자 돌봄에서 지표화되기 어려운 경험적 측면을 가치 절하할 가능성이 있다. 헬스케어 AI 개발과 적용은 사용자 및 노동자의 평등한 접근을 보장해야 한다.

AI와 윤동주?

사례

대형 의료 법인인 라이프의료원은 최근 AI 관리 플랫폼인 '에피션트케어'를 도입했다. 플랫폼은 의료원 전체 부서를 대상으로 직원 배치, 자원, 업무 등에 대한 효율성을 높이는 방안을 제안해 인적 · 물적 자원 효율성을 높이는 한편, 공정한 의료 자원 분배 체계를 제공할 수 있도록 설계되었다.

에피션트케어는 결정에 있어서 다양한 지표를 활용한다. 치료 결과, 입원율 및 재원 기간 등의 효율성 지표에 더해 환자 · 고객 만족도나 부서 내, 부서 간 협력도 및 인적 평가 등 질적 지표까지 활용해 효과적이면서도 부드러운 원내 환경을 제공하는 데에 초점이 맞춰져 있다. 하지만 에피션트케어가 중요하게 보는 것 중 하나는 환자 돌봄에서 이젠 통합적인 요소가 된 여러 AI 도구를 얼마나 잘 활용하고 상호 작용할 수 있는지 여부와 정도이며, 플랫폼은 각 보건 의료 노동자를 평가하고 배치하는 데 AI 숙련도를 적극 활용한다.

50세의 간호팀장인 이세심 선생이 라이프의료원에 근무한 지도 벌써 20년이 넘었다. 이 팀장은 뛰어난 환자 상호 작용과 세밀한 간호 접근으로 여러 번 우수직원상을 받았으며, 지금도 근무 부서 전반이 매끄럽게 돌아가는 데에 필수적인 역할을 하고 있다. 신입 간호사뿐만 아니라 수련의나 펠로, 사회복지사, 물리치료사까지도 이 팀장과의 상담이나 그의 배려가 자신의 업무를 계속해 나가는 데에 큰 도움이 되었다고 말해 왔다.

그러나 이 팀장은 영 컴퓨터와 친하지 않으며, 최근의 헬스케어 AI 도구들은 그를 어지럽게 한다. 무엇보다도, 자신의 결정이나 판단에 자꾸 개입하려 드는 AI 도구를 이 선생은 신뢰하지 않으며, 자신이 지금까지 쌓아 온 경험과 인간적 직감에 의존해 환자와 직원들을 관리한다. 이 팀장은 아무런 문제가 없다고 믿어 왔다.

최근, 이 팀장은 자신이 조금씩 관리 역할에서 배제되어 가고 있다는 느낌을 받는다. 점차 조직이나 병동 업무가 최신 기술과 AI 도구에 익숙한 젊은 직원들에게 이관되고 있는 것이다. 이 팀장이 보기에 이런 방향은 문제인데, 이들 젊은 직원이 열정은 있으나 경험과 직관이 부족해 환자나 직원 사이의 관계를 매끄럽게 해결하지 못하거나, 심지어 잘못된 선택을 내리는 경우가 종종 있기 때문이다. 그럼에도, 그들이 점차 의료원 전반에서 주도적인 역할을 맡는 것이다.

대표적으로 31세 주임간호사인 최능숙이 떠오른다. 최 간호사는 AI 도구와 상호 작용하고 이를 활용하는 데에 익숙하다. 그러나 환자 및 타 직원과의 대면 상호 작용에는 어려움을 겪곤 한다. 그럼에도 에피션트케어는 최 간호사를 업무 능률이 가장 뛰어난 직원 중 한 명으로 간주해 고속 승진을 시키는 것이다.

여전히 자신에게 주어지는 주변의 좋은 평가에도 불구하고, 며칠 전 상부에서 능률 개선안을 제출하라는 연락을 받자 이 팀장은 화가 났다. 에피션트케어가 이 팀장을 저성과자로 분류했기 때문인데, 그의 AI 도구 사용 능력 부족이 주된 사유다. 알아보니, 연배가 있거나 AI 기술에 친숙하지 않은 다른 직원들도 비슷한 경험을 겪었다. 이들 중 일부는 조기 · 명예퇴직을 고려하고 있었고, 다른 이들은 한직으로 밀려나는 것을 감수해야 하는 상황이었다.

이 팀장은 이들을 대표해 병원 경영진에 항의한다. 에피션트케어가 AI 숙련도를 이유로 자신들을 차별하고 있으며, 이는 병원에서 소중한 인간적 기술, 상호 작용, 경험을 잃는 큰 손해로 이어지리라는 것이 이 팀장과 함께하는 이들이 병원에 제시한 우려다.

사례 분석

2010년 초 AI가 다시 화두가 되었을 때, 일부는 이제 AI

가 의사나 간호사를 대체할 것이라는 과감한 주장을 펴곤 했다. 대표적인 인물이 전 선마이크로시스템스 최고경영자(CEO)였던 비노드 코슬라(Vinod Khosla)로, 그는 곧 80%의 인간 의사가 AI에게 자리를 넘겨줄 것이라고 주장한 바 있다(Khosla, 2012.1.10).

그러나 2024년 현재 그런 주장을 내놓는 사람은 그렇게 많지는 않다. 인간 노동자가 AI로 바로 대체되기 어려우며 그 맡는 역할도 다르다는 것이다. 예컨대, 미국의 대형 마트는 한동안 앞다투어 무인 계산대를 설치해 왔다. 인간 마트 캐셔를 무인 계산대로 대체하면 단순 계산으로도 상당한 인건비 감축이 가능하다는 것이 그 이유였다. 그러나 최근, 대형 마트는 다시 무인 계산대를 철거하고 있다(CNN, 2023.11.23). 계산을 하지 않고 나가는 절도 사례, 무인 계산대를 악용하는 사례(비싼 물건 대신 저렴한 물건을 찍고 나가기, 계산 시스템의 허점을 이용해 돈 출금하기 등)가 빈번하게 벌어져 인건비 감축보다 마트에 주어지는 손해가 더 크다는 것, 또한 인간 캐셔와의 상호 작용이 마트 이용 경험에서 필수적인 요소였음을 고객들이 깨달았다는 것이 무인 계산대 철거의 핵심 사유다. 다시 말해, 인간-인간과 인간-컴퓨터 상호 작용은 양적 · 질적으로 차이를 보이며, 이를 동일하다고 간주해 대체 가능한 요소로 생각했던 것이 잘못이었음을 사람들이 깨닫고 있는 것이다.

오히려, 최근 문제로 대두되고 있는 것은 고용과 업무 평가에 AI가 활용되는 상황에서 AI가 지닌 편향으로 발생하는 차별의 문제다(Sonderling et al., 2022). 이는 노동자의 인구적 특성이나 특정 요인을 과대·과소평가해 개인에게 부당한 불이익을 주는 형태로 나타난다. 또한, 'AI 문해력(AI literacy)'으로 대표되는 학습자 및 노동자의 AI 숙련도가 이슈로 떠오르고 있다. AI 앱, 디바이스에 대한 친숙도와 업무 적용 능력이 만들어 내는 차이도 생각해 볼 수 있으나, 최근 생성형 AI의 적용으로 인한 숙련 노동자의 업무 능률 향상은 산업 전체의 생산력 향상으로 이어질 것으로 예측되고 있다(McKinsey Global Institute, 2023.7.26). 달리 말해, 생성형 AI를 활용할 수 있는 숙련 노동자의 생산력은 그렇지 않은 이의 산출물과 비교해 양적 차이를 낼 것이며, 이는 생성형 AI에 익숙하지 않은 이들이 업무적 불이익을 받게 될 것임을 의미한다.

물론, 비숙련 노동은 AI나 알고리듬으로 인한 대체 가능성이 상존한다. 한편, 비숙련 노동에선 초심자 또는 경험 없는 노동자만이 AI 도구로 업무 능률이 향상되었다는 연구도 있다(Brynjolfsson et al., 2023). 그러나 아직까지 숙련 노동을 AI가 대체할 것으로 여겨지지 않으며 보건 의료 영역에선 더 그렇다. 헬스케어 AI 도구는 숙련 노동자의 업무를 보조할 것이다(Mohanasundari et al., 2023). 문제는, 헬스케어 AI 도구가 쉽게 활용될 수 있는 영역은 주로 양적 차원인 반면에 인간의 직관, 감정, 숙련이 강점을 보이는 영역은 질적인 차원이라는 데에 있다. 경영 측면에서 양적 지표를 빠르게 향상시킬 수 있는 헬스케어 AI 도구와, 이를 능숙하게 활용하는 노동자를 우선할 것이라고 예측하는 데에는 큰 무리가 없어 보인다. 그리고 이는 '전통적인' 역량(의사소통, 이해와 공감, 포용과 지지 등을 포함해)을 지닌 노동자들을 차별하는 결과로 이어질 것이다.

포괄성, 공정성 원칙

헬스케어 AI 윤리는 포괄성과 공정성을 요구하며, 이는 한편으로는 헬스케어 AI 개발의 기반이 되는 데이터의 편향을 이해하고 다룰 것과, 다른 한편으로는 헬스케어 AI 도구가 적용될 때 발생 가능한 차별을 검토하고 해결책을 마련할 것을 요청한다. 여기에서 헬스케어 AI의 접근성에 대한 요청이 도출되며, 정부와 기관은 헬스케어

AI에 접근할 수 없거나 그 활용에 어려움을 느끼는 이들이 있음을 알고 이들에게 헬스케어 AI의 활용 허들을 낮출 방안을 마련할 것을 요구받는다.

이미 데이터에 존재하는 편향에 대해선 다양한 분석이 이루어졌으며, 헬스케어 데이터 또한 마찬가지다. 인종 및 민족 편향(Wiens et al., 2020), 젠더 편향(Norori et al., 2021), 사회 경제적 편향(Mittermaier et al., 2023) 등이 대표적으로, 이는 이미 만들어지고 저장된 헬스케어 데이터가 현존하는 보건 의료적 차별과 격차를 반영해 이루어져 온 것을 그대로 반영하고 있음을 의미한다. 또한, AI 알고리듬 자체도 편향을 지닐 수 있다. 따라서 이러한 헬스케어 AI 개발자와 연구자는 사전에 데이터 편향이 있음과 개발 · 연구 과정에서 자신의 편향이 반영될 수 있음을 인지하고, 이를 다루기 위해 적절히 조처해야 한다. 이는 헬스케어 AI 개발 · 연구 과정이 외부 검증을 받아야 하는 중요한 근거를 제시한다(10장 참조).

또한, 헬스케어 AI는 “디지털 디바이드(digital divide)”, 즉 환자 및 대중이 차등적으로 헬스케어 서비스에 접근하는 시스템적 격차를 만들어 낼 수 있으며(Adedinsewo et al., 2023), 앞선 사례에서 확인한 것처럼 헬스케어 노동자의 AI 숙련도에 따른 차별 대우를 가져올 것이다. 이런 상황이 헬스케어 바깥에선 그저 사회적 변화에 뒤처지는 이들의 존재로 이해될 수 있을지 모르나, 적어도 헬스케어 영역 내에선 해결을 위해 직접 다루어야 할 핵심 사안이 된다. 헬스케어는 본질상 생산력의 증대가 아닌 회복과 치료를 목적으로 하며, 비록 그를 보조하는 기술이 생산력을 높일 수 있으나 그것이 제일의 목표는 아니다. 헬스케어는 환자와 그 돌봄 제공자가 서로의 좋음을 구현하기 위한 통로로 기능하며, 여기에서 격차와 차별 대우가 발생하는 것은 수단과 목적이 전도된 것이다.

헬스케어 AI는 개발과 활용에서 현실에 존재하는 차별을 악화시키는 방식이 아닌, 그것을 줄이기 위한 도구로 작동할 것으로 기대된다. 그러나 이는 도구 자체의 특징이 아니며, 헬스케어 AI 자체는 차별을 악화시킬 리스크를 안고 있다. 헬스케어 AI 윤리가 포괄성과 공정성을 요구해 편향과 차별을 줄이기 위한 방안을 알고리듬 수준부터 그 적용에까지 요구하는 이유다.

참고문헌

Adedinsewo, D., et al.(2023). Health disparities, clinical trials, and the digital divide. *Mayo clinic proceedings*, 98(12), pp.1875-1887.

Brynjolfsson, E., et al.(2023). Generative AI at work (NBER Working Paper No. 31161). National Bureau of Economic Research.

CNN(2023.11.23). Walmart, Costco and other companies rethink self-checkout. https://edition.cnn.com/2023/11/13/business/self-checkout-stores-shopping/index.html

Khosla, V.(2012.1.10). Do we need doctors or algorithms?. TechCrunch. https://techcrunch.com/2012/01/10/doctors-or-algorithms/

Mittermaier, M., et al.(2023). Bias in AI-based models for medical applications: Challenges and mitigation strategies. *npj Digital medicine*, 6, 113.

McKinsey Global Institute(2023.7.26). Generative AI and the future of work in America. https://www.mckinsey.com/mgi/our-research/generative-ai-and-the-future-of-work-in-america

Mohanasundari, S. K., et al.(2023). Can artificial intelligence replace the unique nursing role?. *Cureus*, 15(12), e51150.

Norori, N., et al.(2021). Addressing bias in big data and AI for health care: A call for open science. *Patterns*, 2(10), 100347.

Sonderling, K. E., et al.(2022). The promise and the peril: Artificial intelligence and employment discrimination. *University of miami law review*, 77(1), 3.

Wiens, J., et al.(2020). Diagnosing bias in data-driven algorithms for healthcare. *Nature medicine*, 26(1), pp.25-26.

08
원칙 6: 대응성, 지속 가능성

AI와 블록체인 기술에 기반을 둔 국제 헬스케어 네트워크의 가상 사례에서, 시스템이 헬스케어 접근성과 질 향상에 상당한 진전을 가져오지만 높은 에너지 및 자원 소모로 인한 상당한 환경적 영향이 우려됨을 확인한다. 지속 가능성 원칙을 헬스케어 AI 개발과 적용에 포함하는 것은 이런 사회체적, 전 지구적으로 발생 가능한 인간, 생태, 기후에 대한 부정적 결과에 개인 및 사회의 책임 있는 행동을 요청한다.

AI와 한의학?

사례

드디어 AI를 뒤에 업은 국제적 헬스케어 시스템이 출범했다. '글로벌 헬스 얼라이언스'라는 거창한 이름을 단 이 시스템은 미주와 유럽을 포함한 40여 개 국가의 병의원 네트워크로, 그 운영과 관리에 헬스케어 AI와 블록체인을 전폭적으로 끌어들였다. 시스템이 도입한 헬스케어 AI 도구 '옴니케어'는 블록체인 기반 환자 자료 및 의무 기록의 안전하고 빠른 확인과 활용을 전 세계 차원에서 가능하게 했으며, 소속 네트워크의 의료진 및 의료원 사이 다국가 · 다학제적 진료를 현실적으로 구현해 AI 기반 혁신을 이룩했다. 환자들은 글로벌 헬스 얼라이언스 소속 의료원 어디에서나 높은 수준의 의료 서비스를 받을 수 있었다. 드디어, 사람들은 외국에 출장이나 여행을 가더라도 질병 때문에 걱정할 필요가 없어졌다. 글로벌 헬스 얼라이언스와 옴니케어가 그들에게 동일 수준의 진료에 접근하는 것을 보장했기 때문이다. 또한, 전 세계 차원에서 수집된 환자 자료 및 치료 결과는 외부 유출 위험 없이 안전하게 연구에 활용될 수 있었고, 이는 임상 연구에서 진정한 도약을 이루어 냈다는 평가를 받았다.

실제로, 글로벌 헬스 얼라이언스와 옴니케어는 국제

보건 의료의 양과 질을 변화시켰다. 이들이 제공한 국제 의료 네트워크는 진단 오류의 감소와 치료 효율성 향상을 가져왔으며, 의료 접근성을 높이는 결과를 가져왔다. 보안을 유지하는 가운데 환자 자료의 접근성이 극도로 높아지면서, 의료 서비스의 표준화와 문화적 민감성에 기초한 서비스 다양화는 환자 만족도를 끌어올리는 기반이 되었다.

그러나 옴니케어의 이용량이 늘어나자, 전기 사용량과 서버 비용이 폭증하기 시작했다. AI 알고리듬의 복잡성 · 안전성 유지를 위한 블록체인의 검증 방식(작업 증명)과 상시적 데이터 분석은 막대한 컴퓨터 자원을 요구했고, 이를 유지하기 위해 글로벌 헬스 얼라이언스는 스스로 데이터센터를 짓고 확장하기 시작했다.

최근, 글로벌 헬스 얼라이언스와 옴니케어의 환경 영향 평가 보고서가 발표되었다. 보고서는 옴니케어의 현 전력 사용량이 국가 하나의 전력 사용량보다 많으며 해마다 두 배로 증가하고 있다는 점, 헬스케어 네트워크의 탄소 배출량이 전체 항공 산업의 그것과 유사한 수준에 도달했다는 점, 데이터센터에서 발생하는 열이 지역의 기후에 영향을 미쳤다는 직간접적 증거들이 있다는 점, 헬스케어 네트워크와 AI 도구의 유지를 위해 발생하는 전자 폐기물의 양이 처리 가능한 수준을 상회하고 있으며 다수가 저개발국가에 별다른 주의 없이 매립되고 있어서 향후 환경 리스크를 가중하고 있다는 점을 지적했다. 간단히 말하면, 보고서는 환경적 관점으로 볼 때 현재 글로벌 헬스 얼라이언스와 옴니케어는 지속 가능성이 없다고 분석하였다.

이는 전 세계적 논쟁을 불러왔다. 사람들은 글로벌 헬스 얼라이언스와 옴니케어가 가져온 헬스케어의 혁신을 인정하면서도, 안 그래도 하루하루 심각해지고 있는 기후 재앙에 이들이 끼치는 영향을 두려워할 수밖에 없었다.

사례 분석

2024년 현재, AI는 엄청난 자원을 소모하고 있다. 추산에 의하면 현 생성형 AI의 열풍을 초래한 챗지피티 3.5의 전 버전인 챗지피티 3(175B 파라미터 크기)을 훈련시키는 데 든 전력은 1287MWh로 탄소 배출량은 552톤에 달한다(Patterson et al., 2021). 이는 휘발유 차량 123대를 1년 동안 몰았을 때 발생한 양과 동일하다(Scientific American, 2023.5.25). 이후 AI 모델은 더 커졌고, 여러 기업이 개발과 파인 튜닝에 참여했으며, 오픈AI · 앤트로픽 · 구글 등 여러 기업이 추론 서비스를 제공하고 있다. 개별 추론에 드는 전력량은 정확히 추산하기 어렵지만 2023년에 이미 일반 검색보다 4~5배 이상일 것으로 예측되었으며(Wired, 2023.2.10), 모델의 크기도 커지고, 작업도 더 복잡해진 현재 그 양은 더 늘어났을 것으로 생각해 볼 수 있다. 이를 방증하듯, 오픈AI에 서버를 제공하고 있는 마이크로소프트의 전력 소모량은 계속 증가해 2023년 약 2400만 MWh를 소모한 것으로 보고되었다(Microsoft, 2024.3.15). 이는 전년(약 1800만 MWh) 대비 약 1.3배 증가한 것이다.

AI에만 해당하는 것은 아니지만, 각지의 데이터센터는 냉각을 위해 엄청난 양의 물을 소모하고 있다. 한 기사에 따르면, 중간 크기의 데이터센터는 하루에 100만 리터의 물을 소모하며, 이는 1000가구가 하루에 소모하는 양에 상응한다(NPR, 2022.8.30). AI의 활용량이 증가하면서 데이터센터의 물 사용량은 급증하고 있으며, 미국에서 데이터센터가 몰려 있는 지역 중 하나인 버지니아주의 물 사용량은 2019년 30억 리터에서 2023년 50억 리터로 급증했다(TechCrunch, 2024.8.19). 이런 물 사용량의 증가는 지역에 상당한 수자원 부담을 초래해(예컨대 버지니아주는 최근 계속 가뭄을 경험하고 있다), 결과적으로 지역 주민과 동식물의 건강을 악화시킨다.

이미 블록체인, 특히 가상 화폐에서 가장 중요한 위치를 차지하고 있는 비트코인의 합의 알고리듬인 작업 증명(proof-of-work) 방식의 탄소 발자국에 대해선 문제 제기가 이루어진 바 있다(de Vries et al., 2022). 논문은 비트코인 채굴이 해마다 65.4메가톤의 탄소를 배출하며, 이는 그리스의 전체 탄소 배출량과 동일하다고 지적했다. 반드시 작업 증명 방식을 사용해야 하는 것은 아니며 블록체인이 헬스케어 데이터 전부를 전송·증명할 수 있는 것도 아니지만(수백 MB에서 수십 GB에 달하는 영상, 유전체 데이터 등은 블록체인으로 전송이 불가능하다), 헬스케어 데이터의 개인화 및 전송권과 관련해 블록체인이 유력한 대안을 제시하고 있는 상황에서 블록체인의 전력 소모를 어떻게 해결할지에 대한 대안이 제시되어야 한다.

이들 분석을 종합했을 때, 위 사례의 국제 헬스케어 네트워크가 현재 기술 수준에서 구현될 경우 환경에 상당한 부담을 초래할 것이 예측된다. 이런 네트워크가 현재 보건 의료의 여러 문제들, 예컨대 개별화 맞춤 서비스의 한계, 지역 간 격차, 다국가 차원에서의 자원 분배 효율성, 문화 다양성에 대한 헬스케어 노동자의 민감성과 시스템 수준에서의 반영 등을 해결할 수 있다고 해도, 그 환경적 부담은 결코 무시할 수 없으며 이런 서비스는 지속 가능성을 결여한다. 단순히 말해, 계속 이런 서비스를 제공하면 결국 기후 재앙으로 인해 더 많은 사람의 건강을 악화시킬 리스크가 있음을 의미한다.

대응성, 지속 가능성 원칙

따라서 헬스케어 AI 윤리는 기술의 환경 문제를 이해하고 지속 가능한 기술 운용을 추구해야 함을 요구한다. 이를 지속 가능성의 원칙이라고 부르며, 헬스케어 빅 데이터, 머신러닝, AI, 로봇 등의 연구는 그 환경적 영향을 개발 단계에서 염두에 두고 진행해야 한다. 환경 문제는 '너무 큰' 문제로 인식되어 개별 기관이나 심지어 개인은 무관하거나 어쩔 수 없는 이슈로 이해하는 경우가 있다. 정부나 초국가 기관이 이 문제를 다루어야 하는 것은 자명하다. 그러나 개인 단위에서의 노력과 참여 없이 국가 수준의 해결책만 기대하는 것 또한 무력하다.

기후 문제에서 개인적 책임과 집단적 책임 모두를 인식할 필요가 있으며, 각자가 할 수 있는 영역에서 노력을 기울여야 한다. 그리고, 헬스케어 AI 윤리는 개발자, 연구자, 사용자 차원에서부터 헬스케어 AI의 환경 영향을 이해하고 그에 대한 대응에 나서야 함을 요구한다. 그렇지 않으면, 일부의 건강 이익을 위해 다수가 희생하는 결과를 낳아 헬스케어 AI의 사용 자체가 잘못되었다는 결론으로 이어지게 될 것이다.

이런 상황에서 개별 기관과 정부는 헬스케어 AI가 제기하는 이슈에 대응해야 하며, 사회 인식 변화부터 교육에 이르기까지 헬스케어 AI 활용에서 개인과 집단이 누릴 권리와 져야 할 책임을 전달해야 한다. 이를 대응성 원칙으로 부르며, 헬스케어 AI의 기반이 되는 빅 데이터나 그로 인해 개발된 알고리듬 등이 특정 개인에게 귀속되는 것으로 보기 어렵다는 점(기초 수준에서 헬스케어 AI는 각 개인이나 환자로부터 나온 보건 의료 데이터를 분석 · 훈련함으로써 개발될 것이며, 각 데이터 포인트는 개인 및 환자의 것이라는 점이 결과물로서의 알고리듬 소유권을 주장하기 어려움을 보여 준다)에서 사회적 차원의 대응 필요성이 도출된다. 헬스케어 AI가 윤리적인 방식으로 작동하고 사회적으로 가치를 획득 · 실현하는 데서 사회는 인식 개선과 확충을 위해 노력해야 한다.

참고문헌

de Vries, A., et al.(2022). Revisiting Bitcoins' carbon footprint. *Joule*, 6(3), pp.498–502.

Microsoft(2024.3.15). 2024 Environmental Sustainability Report. https://query.prod.cms.rt.microsoft.com/cms/api/am/binary/RW1lmju

NPR(2022.8.30). Data centers, backbone of the digital economy, face water scarcity and climate risk. https://www.npr.org/2022/08/30/1119938708/data-centers-backbone-of-the-digital-economy-face-water-scarcity-and-climate-ris

Patterson, D., et al.(2021). Carbon emissions and large neural network training. *arXiv preprint*, arXiv:2104.10350.

Scientific American(2023.5.25). A computer scientist breaks down generative AI's hefty carbon footprint. https://www.scientificamerican.com/article/a-computer-scientist-breaks-down-generative-ais-hefty-carbon-footprint/

TechCrunch(2024.8.19). Demand for AI is driving data center water consumption sky high. https://techcrunch.com/2024/08/19/demand-for-ai-is-driving-data-center-water-consumption-sky-high/

Wired(2023.2.10). The generative AI race has a dirty secret. https://www.wired.com/story/the-generative-ai-search-race-has-a-dirty-secret/

09
헬스케어 AI 연구 윤리 자율 규제 거버넌스

헬스케어 AI 연구 및 개발에서 윤리적 자율 규제를 위한 여섯 단계의 거버넌스 체계를 제안한다. 전통적인 기관 심의위원회 절차는 데이터 활용의 독특한 특성과 AI 모델의 지속적 발전으로 인해 그 감독 기능이 잘 조응하지 않을 수 있다. 제안된 프레임워크는 데이터심의위원회의 검토를 포함해, 헬스케어 AI 개발의 전 주기에 투명성, 책무, 지속적 모니터링을 강조하는 윤리적 자율 규제 체계를 구성한다.

AI와 화장품?

헬스케어 AI 연구 윤리, 어떻게 접근할 것인가?

이 장에선 조금 더 범위를 좁혀서 연구의 측면에 집중할 것이다. 앞에서 제시한 원칙은 연구뿐만 아니라 헬스케어 AI의 구현과 활용까지 전체 범위를 포괄하는 윤리 체계다. 그러나 당분간 우리가 논의를 집중해야 하는 것은 헬스케어 AI 연구와 개발일 텐데, 물론 영상이나 병리와 같은 특정 영역에서 헬스케어 AI가 이미 과시적인 성과를 도출했다고 해도 헬스케어 전 분야를 볼 땐 아직 연구되어야 할 영역이 훨씬 많기 때문이다.

보건 의료 영역에서 이루어지는 연구, 예컨대 생리 기작에 관한 연구나 유전 질환에 관한 연구, 또는 신약을 개발하거나 의료 신기술을 도입하려는 노력은 오랜 역사를 통해 확립된 의료 영역의 연구 윤리에 따라 수행될 것을 요청받는다. 뉘른베르크 강령, 헬싱키 선언 등은 의학 연구에서 연구 대상자 보호를 위한 특별한 원칙과 체계를 발전시킬 것을 요구해 왔으며, 그 결과 연구 대상자의 보호를 위해 연구자와 기관이 기울여야 할 노력, 연구 설계와 진행에서 검토 및 모니터링해야 할 내용 등이 이미 확립되어 있고, 연구자의 수행 계획과 연구 진행을 기관 심의위원회(IRB)로부터 검토받는 것을 그 골자로 한다. IRB는 인간 대상 연구, 인체 유래물 연구 등에서 연구계획서를 검토해 연구 계획과 수행이 연구 대상자에게 충분히 설명되고 동의를 얻었는지, 연구의 이득과 손해를 비교해 이득이 더 큰지, 받아들여지기 어려운 피해를 입히는 것은 아닌지, 연구 과정이나 결과 등에서 특정 대상이나 집단을 차별 대우하는 일이 발생하지 않는지를 살피고, 연구 과정이 계획에 따라 수행되는지를 모니터링한다.

특히, 신약 및 신기술 개발은 임상 연구의 4상 체계, 즉 약물이나 기구 등의 역동학 및 독성 검토(1상), 유효성 및 안전성 평가(2상), 대조군 시험(3상), 시판 후 조사(4상)의 엄격한 절차를 통해 수행되고 있다. 이런 단계적 접근은 보건 의료 신약 및 신기술 개발에 상당한 기간과 비용을 초래하지만, 이 과정을 통해 임상 연구는 안전성을 확보하는 한편 그 결과가 통계적으로 유의해 임상에서 실제 효과로 나타날 수 있음을 확인한다.

헬스케어 AI 또한 헬스케어 영역에서 사용되는 도구이니 연구와 개발에서 동일한 과정을 밟으면 되겠다고 생각할 수 있지만, 개념적으로나 현실적으로 문제가 있다. 첫째, IRB 체계는 일차적으로 연구 대상자의 자율성이 보호되는지, 그에게 주어지는 해악은 없는지 등을 검토한다. 그러나 헬스케어 AI 연구와 개발이 이미 수집되었거나 확립된 데이터를 분석하는 한, 또는 전향적으로 웨어러블 등을 통해 개인의 데이터를 장기간 수집해 활용하는 한, 전통적으로 제기되었던 연구 대상자의 자율성, 해악, 정의 등의 문제를 동일하게 적용하기가 어렵다. 전통적인 연구처럼 개별 데이터 각각에 모두 충분한 설명 후 동의를 적용하면 웬만한 헬스케어 AI 연구는 수행되기 어려울 것이다. 연구 계획 단계에서 데이터의 활용이 개인에게 미칠 해악을 모두 고려하는 것은 불가능한데, 아직 AI가 훈련되지 않은 상황에서 그 결과물이 무엇인지 예상하기 어려운 데다가 훈련 과정에서 그 지표나 도출하고자 하는 결과가 변화하기 때문이다. 앞서 데이터 편향과 알고리듬 편향을 설명했지만(7장 참조), 연구자나 개발자 차원에서 AI가 어떤 편향을 발생시킬지, 또는 그 적용이 어떤 차별적 결과를 가져올지 다 확인하기도 어렵다. 이를 검토하는 IRB 위원회 구성원 또한 마찬가지다.

둘째, 이미 개발된 약물이나 기구를 검증하는 임상 연구 과정과 달리, 헬스케어 AI 개발과 연구 과정에서 알고리듬, 데이터, 앱 등은 계속 수정될 것이다. 임상 연구 절차를 그대로 적용해 아예 손을 대지 말아야 한다면, 헬스케어 AI는 임상 연구를 마치는 시점에서 이미 한철 지난 도구가 될 가능성이 있다. 게다가, 개발이 된 다음에도 헬스케어 AI는 피드백을 통해서든 추가적인 연구나 개선 작업을 통해서든 변경, 수정될 것이다. 이미 고정되어 변경 불가능한 물리적 실체가 있는 약물이나 기구와 헬스케어 AI의 검토가 다를 수밖에 없는 이유다.

셋째, 그렇다고 기존의 절차를 완전히 무시할 수도 없는 것이, 보건 의료 분야에서 현재 형태의 연구 윤리가 정착된 것은 여러 결정과 필요에 의한 것이다. 나치 의사의 전범 재판에서 인간 대상자에게 이루어진 과학 실험이 정당화될 수 없음을 밝히기 위해 자율성과 해악 금지에 호소했던 현대 연구 윤리는, 이후 터스키기 매독 연구, 유대만성질환병원의 암세포 이식 실험, 윌로우브룩 병원의 간염바이러스 감염 연구 등이 불러온 스캔들 앞에서 연구 대상자의 권익을 보호할 절차를 확립하고, 그동안 의심되지 않았던 보건 의료 연구자의 정직성을 감독해야 할 책임을 의식하게 되었다(Jonsen, 2000/2013). 이전 전문가가 응당 져야 할 보편적 의무로서만 존재하던 의료 윤리(ethic/moral of medical personnel as professional obligations)는, 여러 충돌하는 요구와 가치 속에서 무엇이 현 사안에서 필수 불가결하고 어떤 요소는 서로 비교가 가능하며, 이를 현실에서 구현하기 위해선 어떤 절차적 접근이 요구되는지에 관한 논의인 생명 의료 윤리학(biomedical ethics)으로 발전하게 되었으며 연구 윤리는 그 핵심 세부 분야 중 하나였다. 헬스케어 AI 윤리 또한 인간, 건강, 질병을 대상으로 하는 한 이런 생명 의료 윤리학과 연구 윤리의 특성을 반영해야 한다.

따라서 헬스케어 AI 연구 윤리의 접근을 위해선 다음 사항들이 고려된 별도의 체계가 필요하다. 첫째, 헬스케어 AI의 특성을 반영하면서도 기존 생명 의과학 분야의 연구 윤리와 융합될 수 있는 방안이 마련되어야 한다. 둘째, 의료인도 쉽게 이해할 수 있고 개발자도 접근 가능해야 한다. 특히, 이미 연구 윤리 체계를 접해 본 의료인과 달리 공학 분야의 개발자는 해당 분야의 지식이 없다는 점이 고려되어야 한다. 셋째, 이미 제시 · 확립된 검토와 관리 체계로 전술한 IRB가 있으며, 공공 데이터를 포함해 여러 데이터의 가명 처리 적절성을 판단해 수집 시점과 다른 목적 및 기관에서 활용할 수 있는지를 검토하는 데이터심의위원회(DRB)가 헬스케어 AI 연구 맥락에서 해야 할 역할을 정립해야 한다. 넷째, 헬스케어 AI 윤리 체계는 연구자 · 개발자 · 개발 기관의 자율 규제를 지원하고, 이런 연구와 개발에 대한 국가 및 정부 기관의 거버넌스 방식을 제안해야 한다. 이를 종합한 체계적 접근으로서 우리는 헬스케어 AI 자율 규제 거버넌스를 제시했다(Kim et al., 2024).

헬스케어 AI 연구 윤리 자율 규제를 위한 거버넌스 체계

헬스케어 AI 개발이 데이터 수집, 모델 설계, 훈련, 검증, 적용의 단계로 이루어짐을 반영해, 헬스케어 AI 자율 규제 거버넌스는 총 여섯 단계의 절차적 고려 사항을 제시한다. 이 여섯 단계는 기존 임상 시험의 4상 과정에 기초하지만, 헬스케어 AI 연구의 특징을 반영해 확장된 것이다. 헬스케어 AI 자율 규제 거버넌스는 1) 사전 윤리 고려, 2) 데이터 세트 생성, 3) 모델 개발, 4) 훈련, 검증, 평가, 5) 적용, 6) 사후 고려의 각 단계에서 연구자와 개발자, 기관, 사회, 정부가 윤리적으로 검토해야 할 사항을 제안하며, 이를 외적 강제가 아닌 자율 성찰과 규제를 통해 시행할 수 있도록 고안되었다.

각 단계를 간략히 설명하면 다음과 같다.

1. 사전 윤리 고려: 헬스케어 AI 연구 착수 전 연구자와 개발자는 연구의 목적과 예상 결과를 검토하고, 여기에서 중요하게 다루어져야 할 윤리적 고려 사항을 설정해 연구 및 개발 계획에 명시한다. 필요시 전문가나 일반

인에게 자문을 구할 수 있으며, 기존 설정된 윤리 체계와 지침을 반영한다.

2. 데이터 세트 생성: 수집 대상 데이터를 선정하고 이를 적정 절차로 수집한다. 개인 정보 보호에 대한 조치가 이루어져야 하고, 연구자와 개발자는 수집 적절성을 DRB로부터 검토받아야 한다. 데이터 편향을 인식해 이를 수집 단계에서 반영해야 하며, 데이터 수집 · 관리 · 폐기의 절차가 명기되어야 한다.

3. 모델 개발: 연구 목적에 맞는 알고리듬을 선정, 수집된 데이터 세트 일부(예비 데이터)를 통해 모델의 구현 가능성을 평가한다. 이 단계에서 헬스케어 AI 연구 · 개발 과정 및 도구가 구체화되어야 하며, AI 개발 과정 및 적용의 적절성과 안전성, 연구 · 개발의 투명성, 결과물의 해악 발생 가능성과 그에 대한 보상, AI 편향이나 지속 가능성 이슈에 대한 대응, 연구 모니터링 과정 등을 IRB로부터 검토받아야 한다.

4. 훈련, 검증, 평가: 알고리듬을 본 데이터 세트로 훈련해 실제 AI 모델을 구축하고, 결과물이 연구 목적을 달성할 수 있는지 내부 검증 과정을 거친다. 헬스케어 AI 모델은 충분한 수준의 정확성을 도출해야 하며, 적용에 앞서 철저한 내부 검증을 통해 그 효용과 안정성이 확인

되어야 한다.

5. 적용: 연구 · 개발된 헬스케어 AI 모델을 임상이나 현장에 적용하기 위해, 기관은 현행법적 기준을 충실하게 따르는지 검토해야 한다. 이 과정에서 일반적으로 '인공지능 의료 기기'로서의 심사가 필요하며, 보험 적용이 되는 헬스케어 AI 모델의 경우 안전성, 효용성, 경제성 평가를 해당 기관으로부터 받아야 한다. 또한, 이 과정에서 기관은 개발과 활용의 정당성 확보, 결과물의 차별과 편향에 대한 우려 해소, 데이터 통제권 문제의 확인 등을 위해 외부 검증을 반드시 거쳐야 한다(10장 참조).

6. 사후 고려: 임상이나 현장에서 운용되는 헬스케어 AI는 지속적인 관리와 피드백의 대상이며, 이 과정에서 AI 모델이 수정 · 개선될 수 있음을 염두에 두어야 한다. 관련 당사자 모두와 열린 의사소통을 유지하고, 피드백에 대한 적절 관리 절차를 사전에 마련해야 한다. 헬스케어 AI 모델의 지속적 학습 및 개선을 위한 점검과 검토 과정이 운용되어야 한다.

참고문헌

Jonsen, A.(2000). *A short history of medical ethics.* Oxford, UK: Oxford University Press. 이재담 옮김(2013). 『의료윤리의

역사』. 로도스.

Kim, J., et al.(2024). Developing a framework for self-regulatory governance in healthcare AI research: Insights from South Korea. *Asian bioethics review*, 16, pp.391-406.

10
헬스케어 AI 윤리 환자·시민 참여

헬스케어 AI 윤리의 투명성, 포괄성과 공정성, 데이터 통제권의 요청은 헬스케어 AI 개발과 활용에 대한 외부 검증을 요청한다. 전통적인 보건 의료 영역에서 보건 의료 환자 · 시민 참여 담론을 경유해, 헬스케어 AI 윤리는 헬스케어 AI 외부 검증자로서 환자와 시민이 그 개발과 활용에 직접 참여하고 검토하는 모형을 제안한다. 이런 헬스케어 AI 윤리 환자 · 시민 참여의 구체적 방법으로, 참여적 설계, AI 기반 환자 역능 강화, 시민 과학 모형을 검토한다.

종교와 AI?

헬스케어 AI 외부 검증의 필요성

이미 사례를 통해 검토한 바 있지만, 헬스케어 AI 윤리는 최소한 세 가지 이유로 개발·연구 및 활용 과정에 대한 독립된 외부 기관의 검증을 요구한다. 첫째, 투명성이다. 5장에서 살핀 것처럼, 헬스케어 AI의 개발과 활용은 개발·연구 내부자(개발자와 연구자) 및 내부 환경(개발 기관) 바깥에서 이해 가능한 방식으로 그 작동과 결과에 대한 설명을 제시하고 책임을 명시할 것을 요구한다. 이는 내부자의 관점에서 도출할 수 없는 사항이다.

둘째, 포괄성과 공정성이다. 7장에서 살핀 것처럼, 헬스케어 AI는 그 기반이 되는 데이터나 알고리듬, 운용 환경, 심지어 결과물에서 편향을 발생시킬 가능성을 내재하고 있다. 이에 대응해 개발·연구 차원에서 편향을 최소화하도록 노력했다고 해도, 개발 과정에서 활용된 데이터가 자신을 대표하지 않음을, 또는 자신이 그 활용이나 이득에서 배제되었음을 주장하는 개인이나 집단이 있는지 확인할 필요가 있으며 이 또한 내부적 검토에서 결정이 불가능하다.

셋째, 데이터 통제권이다. 3장에서 인간 자율성의 보장을 살폈으며, 그 결과 헬스케어 AI가 개인의 선택을 보호·지지하는 방식으로 작동할 것이 요청됨을 확인했다. 문제는, 헬스케어 AI 개발 · 연구의 기반을 이루는 헬스케어 데이터가 환자와 시민에서 나온 것이기에, 그로부터 개발된 헬스케어 AI 또한 그 출처인 개인에게 귀속된다는 주장이 자율성을 기반으로 추론될 수 있다는 것이다. 이를 데이터 소유권(data ownership)이라고 하며, 이 소유권은 개별 헬스케어 데이터 항목의 사용 여부 결정에서부터 결과물인 헬스케어 AI 앱의 이득 분배까지 영향을 미치게 된다.

그러나 헬스케어 AI 개발 · 연구는 단일 데이터 항목이 아니라 다수 대상, 분할 시점, 복합 장소에서 수집된 데이터를 대상으로 이루어진다. 따라서 엄밀하게 자율성-소유권 논변을 적용할 경우 헬스케어 AI 개발 · 연구가 불가능해진다는 문제가 발생한다. 이를 해결하기 위해 데이터 시장을 적용할 수도 있으나(즉, 헬스케어 데이터를 개인이나 집단이 사고팔 수 있게 하는 것), 이 경우 인신매매를 허용하는 것과 이론적으로 동일하다(차현재 · 김준혁, 2022). 따라서 헬스케어 데이터와 관련한 소유권은 물건에 대한 직접 소유의 방식 대신 대상에 대한 일정 정도의 통제권을 허용하는 방식으로 이루어질 필요가 있다. 이를 헬스케어 AI에 적용한다면, 개발 · 연구된 헬스케어 AI 앱이나 도구 등에 대해 데이터를 제공한 환자 · 시민이 그 적용, 활용, 이후의 수정 및 개선 등에 참여할 권리가 부여되는 것으로 이해할 수 있다.

따라서 외부 기관의 검증에 대한 요청에서, '외부 기관'이란 규범적으로 환자 · 시민의 참여와 관여를 의미하게 된다. 이는 투명성 단독으로는 도출되지 않으며, 포괄성과 공정성, 그리고 자율성에서 도출되는 데이터 통제권을 동시에 검토할 때 얻어 낼 수 있는 결론이다. 그런데, 헬스케어 AI 검증에 환자 · 시민이 참여한다는 것이 도대체 무슨 의미인가?

헬스케어 AI 검증을 위한 환자·시민 참여

잠시 헬스케어 AI를 놓아두고, 전통적인 보건 의료 담론으로 돌아가자. 고전적인 보건 의료가 근대 국가에서 노동력을 확보하기 위한 수단으로 활용되며 전문가 집단의 독점적 결정으로 제공되는 서비스였다면(Freidson, 1970; Schatzkin, 1978), 제2차 세계 대전 이후 보건 의료는 점차 권리로 이해되기 시작했다. 인권의 하나로서 '건강권(right to health)'은 세계보건기구(WHO)의 설립과 1948년 세계인권선언(Universal Declaration of Human Rights)에서 "충분한 건강과 웰빙을 누리며 살 권리"가 천명되면서 인정받기 시작했으며, 1966년 경제적 · 사회적 ·

문화적 권리에 관한 국제규약(International Covenant on Economic, Social and Cultural Rights) 제12조에서 "신체 및 정신 건강의 획득 가능한 최고의 기준을 향유할 권리"를 명기함으로써 명확히 자리를 잡았다(Kinney, 2000).

이를 여러 국가의 다양한 사회 문화적 조건에서 어떻게 구현할 것인가에 대해, 1978년 WHO의 알마아타 선언(Alma-Ata Declaration)은 건강에 대한 보편적 접근권과 함께 개인, 즉 환자와 시민이 자신의 건강에 관한 결정권을 행사하기 위해 참여와 역능 강화가 이루어져야 함을 강조했다. 비록 이후의 분석은 선언이 제안한 참여 개념의 모호성 및 현실에서 적용의 어려움을 검토했으나(Rifkin, 2018), 이것은 보건 의료에서 환자 및 시민 참여의 불가능성이 아닌 그 접근의 복잡성을 확인한 것이다. 여전히, 보건 의료 영역에서 환자와 시민은 그 정책부터 임상적 결정까지 다양한 차원에 참여할 수 있어야 하며, 그를 위해 필요한 권능과 지식이 강화되어야 한다는 주장은 유효하다.

헬스케어 AI 또한 보건 의료를 포함한 헬스케어 영역에서 활용되는 AI에 관한 담론이므로 위 논의를 그대로 적용하는 것은 타당하다. 게다가, 헬스케어 AI 윤리에서 살핀 원칙이 지적하고 있는 여러 사항에 따르면, 헬스케어 AI 논의에 환자와 시민의 참여와 역능 강화를 끌어들이는 것은 필수적인 요구가 된다. 환자와 시민은 헬스케어 AI에 관한 정책부터 개발과 적용에까지 다양한 과정에 참여할 수 있어야 하고, 이를 위해 필요한 지식과 권리를 보장받아야 한다.

이것이 당위적인 주장에 그치지 않는 이유는, 이런 환자 · 시민 참여가 헬스케어 AI의 활용에 정당성과 합당성을 부여하기 때문이다. 규칙상, 다수의 헬스케어 AI는 이미 수집된 데이터를 원자료나 결합 자료의 형태로 사용하고자 하며, 이때 이전에 수집된 헬스케어를 포함한 인간과 사회의 여러 데이터를 사용해도 되는지에 관한 정당성이 확보되어야 한다. 원론상, 현재 수준에서 아무런 오류도, 편향도, 오정보도 내놓지 않는 헬스케어 AI는 불가능하며, 어느 수준까지 이런 AI의 한계를 용인할 것인지에 대한 합당성이 제시되어야 한다(김준혁, 2023). 이 두 사항은 연구자나 개발자 개인, 또는 개발 기관에서 정하거나 획득할 수 있는 것이 아니다. 국가 차원의 승인이 이를 확보할 수 있겠지만, 지속적으로 개선 · 발전하는 것을 상수로 놓고 있는(9장의 논의 참조) 헬스케어 AI의 경우 일정 시점에서의 승인으로는 한계가 있다.

반면, 환자와 시민이 헬스케어 AI를 검증하는 데 참여하는 것은 그 데이터 사용의 정당성(환자와 시민이 데이터의 출처이므로)과 그 한계의 합당성(결국, AI의 결과물이 영향을 미치는 것 또한 환자와 시민이므로)을 확보하는 명확한 통로가 된다. 또한, 환자와 시민의 외부 검증은 일시에 끝나는 것이 아니라 AI 앱이나 도구가 출시된 이후에도 계속 작동할 수 있으며, 심지어 그렇게 해야 할 필요도 있다. 이에, 구체적인 방법을 아래 절에서 간략히 검토한다.

환자·시민 참여 방법의 제언

헬스케어 AI 검증에서 환자 · 시민 참여의 첫 번째 방법은 참여적 설계(participatory design)다. 참여적 설계란 사용자가 능동적으로 헬스케어 AI 설계와 개발에 참여할 수 있도록 초기 단계부터 고려하는 것을 의미한다. 기초적이며 전통적인 방법으로는 피드백 수용이 있다. 헬스케어 AI는 앱이나 도구 층위에서 사용자 피드백을 구체적으로 받도록 처음부터 설계되고, 기관은 피드백의 수용을 절차적으로 규제한다. 사용자 피드백의 대표적인 예시는 사용자 설문이며, AB 테스트 등을 활용하는 방안도 가능하다.

피드백을 넘어 환자·시민이 함께 AI 개발에 참여하는 방식도 가능하다. 프로그램의 얼리 액세스(early access) 모형은 미완성인 프로그램을 사용자에게 판매할 때 현재 개발 수준과 향후 계획을 미리 고지하고 판매하는 것으로, 이후 사용자의 의견과 반응을 수렴해 함께 개발해 나가는 것을 가리킨다. 이를 적용한 헬스케어 AI 얼리 액세스 모형을 검토해 볼 수 있다. 더 나아가 개발자와 환자가 AI를 공동 제작하는 방식도 가능하며, 이는 애초부터 환자 단체가 앱이나 장비 등의 개발에 직접 참여해 공동 훈련을 실시하고 심지어 출시까지도 진행하는 것을 의미한다.

둘째, AI 기반 환자 역능 강화다. 이것은 환자와 시민의 헬스케어 관련 지식 및 실천의 향상을 헬스케어 AI 설계 수준에서 함께 고려하는 것을 의미한다. AI 문해력 개념은 단순히 AI 활용 방법을 아는 것을 넘어, 사용자가 그 기술을 비판적으로 평가하는 역량을 함양하는 것 또한 포함한다(Long & Magerko, 2020). 이는 헬스케어 AI 문해력을 높이는 것을 앱이나 도구 차원에서 고려해, 환자와 시민이 헬스케어 AI의 적용을 비판적으로 검토·평가함으로써 더 높은 수준에서 적용하고 활용하기를 목적하는 것이다.

마지막으로, 시민 과학(citizen science) 모형이다. 시민 과학이란 과학 지식의 향상을 위한 과학 연구에 시민이 참여·협력하는 것으로, 구체적으로는 플랫폼이나 도구 등을 통해 과학 연구(자료 수집, 분석, 결과 확산 등)에 시민이 직접 참여함을 의미한다. 대표적인 사례로 세티앳홈(SETI@home), 주니버스(Zooniverse), 이버드(eBird) 등이 있으며, 이들은 시민의 자원과 노력을 과학적 탐구에 통합해 함께 과학을 발전시키는 것을 목적으로 한다. 이제 시민 과학은 우주나 환경 분야를 넘어 다양한 영역으로 확장될 가능성을 제안하고 있다(Cavalier et al., 2020).

아쉽게도 시민의 다양한 참여와 활동이 이루어지는 국외의 시민 과학과 달리, 국내의 시민 과학 활동은 제한적인 상태다(박진희, 2018). 그러나 AI의 확산은 과학의 시민 참여를 확대할 힘을 지니고 있으며(Ceccaroni et al., 2019), 이는 역으로 AI에 대한 시민 참여 또는 'AI 시민 과학'의 가능성을 제안하고 있다. 대표적인 데이터사이언스 플랫폼 캐글(Kaggle)은 주어진 데이터 세트에 대한 머신러닝 및 AI 알고리듬 적용을 통한 모델을 참여자 경쟁을 통해 발전시키는 방식을 제시해 왔다. 시민 과학은 헬스케어 AI를 평가하고 분석할 수 있는 충분한 역량을 지닐 수 있으며, 이는 앞서 살핀 헬스케어 AI 검증에 대한 환자 · 시민 참여의 가장 확실한 방법을 제안한다.

참고문헌

김준혁(2023). 헬스케어 인공지능에서 악을 식별할 수 있을까: 플로리디 정보 윤리학에 기초하여. ≪생명윤리≫, 24(2), 87-105쪽.

박진희(2018). 한국 시민과학의 현황과 과제. ≪과학기술학연구≫, 18(2), 7-41쪽.

차현재·김준혁(2022). 건강데이터 기증 및 공유의 윤리적 접근: 인체유래물 기증 절차를 참조하여. ≪생명, 윤리와 정책≫, 6(2), 101-137쪽.

Cavalier, D., et al.(2020). *The field guide to citizen science: How you can contribute to scientific research and make a difference*. Portland, OR: Timber Press.

Ceccaroni, L., et al.(2019). Opportunities and risks for citizen science in the age of artificial intelligence. *Citizen science: theory and practice*, 4(1), 29.

Freidson, E.(1970). *Professional dominance: The social structure of medical care*. New York, NY: Atherton Press.

Kinney, E. D.(2000). The international human right to health: What does this mean for our nation and world?. *Indiana law review*, 34(4), pp.1457-1475.

Long, D., & Magerko, B.(2020). What is AI literacy? Competencies and design considerations. In *Proceedings of the 2020 CHI Conference on Human Factors in Computing Systems*(pp.1-16). Association for Computing.

Rifkin, S. B.(2018). Alma Ata after 40 years: Primary health care and health for all—from consensus to complexity. *BMJ Global health*, 3(Suppl 3), e001188.

Schatzkin, A.(1978). Health and labor-power: A theoretical investigation. *International journal of health service*, 8(2), pp.213-234.

김준혁

현재 연세대학교 치과대학 치의학교육학교실 조교수로 일하고 있다. 연세대학교 치과대학을 졸업하고 동 병원 소아치과 수련을 받았다. 펜실베이니아대학교 의과대학에서 의료윤리 석사를, 부산대학교에서 의료인문학 박사를 취득했다. 연세대학교 의과대학 의학교육학과에서 펠로로 일했다. 한국의철학회 편집이사, 대한의료커뮤니케이션학회 학술이사, 한국의료윤리학회 이사 및 편집위원으로 활동하고 있다. 주요 저서로 『누구를 어떻게 살릴 것인가』(2018), 『모두를 위한 의료윤리』(2021), 역서로 『의존을 배우다』(2023) 등이 있다. 주요 연구 분야는 서사 의학, 돌봄 윤리, 헬스케어 AI 윤리이며, 국내외 등재지에 주로 의료윤리 및 의철학 분야의 논문을 저술하였다.